Libère ton Cœur :

Brise les Chaînes de la Dépendance Affective

Écrivain et thérapeute
STEPHANE BEAUFORT-LEBRETON

Table des matières :

Introduction

Chapitre 1 : Comprendre la dépendance affective

1.1   Les bases de la dépendance affective

1.2   Les différents types de dépendance affective

1.3   Les conséquences de la dépendance affective

Chapitre 2 : Reconnaître les schémas de dépendance affective

2.1 Les schémas de comportement associés à la dépendance affective

2.2 Identifier les origines des schémas de dépendance affective

2.3 Les signes révélateurs de la dépendance affective

Chapitre 3 : Cultiver l'amour de soi

3.1 Développer une relation saine avec soi-même

3.2 Pratiquer l'auto-compassion et l'acceptation de soi

3.3 Dépasser les croyances limitantes sur sa propre valeur

Chapitre 4 : Établir des relations saines et équilibrées

4.1 Les éléments clés des relations saines

4.2 La communication authentique et la gestion des conflits

4.3 Éviter les relations toxiques et redéfinir ses limites

Chapitre 5 : Se libérer des attachements malsains

5.1 Identifier les relations toxiques et les comportements néfastes

5.2 Se détacher émotionnellement et se reconstruire

5.3 Apprendre à lâcher prise et à se pardonner

Chapitre 6 : Renforcer son estime de soi

6.1 Reconnaître et surmonter les doutes et les auto-critiques

6.2 Cultiver la confiance en soi et l'affirmation de soi

6.3 Se valoriser et se nourrir intérieurement

Chapitre 7 : Trouver son équilibre émotionnel

7.1 Gérer les émotions difficiles et les crises émotionnelles

7.2 Pratiquer la pleine conscience et la gestion du stress

7.3 Se connecter à sa force intérieure et à sa résilience

Chapitre 8 : Construire un avenir épanouissant

8.1 Définir ses objectifs et ses aspirations personnelles

8.2 Se créer une vie remplie de sens et d'épanouissement

8.3 Maintenir son autonomie et son équilibre émotionnel dans les relations

"La dépendance affective est une prison dont la clé se trouve à l'intérieur de vous." – **Buddha**

"Vous devez vous aimer suffisamment pour ne pas accepter moins que ce que vous méritez." - **Oprah Winfrey**

"Apprendre à être seul, c'est apprendre à être fort. La dépendance affective est la faiblesse de ceux qui ne se connaissent pas." - **Paulo Coelho**

Après avoir acquis une vaste expérience en tant que thérapeute, Stéphane a décidé de mettre par écrit toutes ses connaissances, ses expériences et ses conseils pour aider un public encore plus large.

Son livre devint rapidement un best-seller, attirant l'attention de nombreuses personnes en quête de guérison émotionnelle. Les lecteurs furent profondément touchés par la manière dont Romain partageait son expertise avec clarté et compassion. Son approche holistique et ses exercices pratiques offraient aux lecteurs des outils concrets pour se libérer de la dépendance affective et renforcer leur estime de soi.

Grâce à son livre, Stéphane toucha la vie de milliers de personnes à travers le monde. Les lecteurs se sentaient compris, soutenus et encouragés à entreprendre un voyage de transformation personnelle. Ils étaient inspirés par l'histoire de Stéphane, qui avait surmonté ses propres luttes émotionnelles et avait trouvé la paix intérieure.

Les témoignages affluaient, racontant comment le livre de Stéphane avait été un catalyseur pour des changements positifs dans leur vie. Les lecteurs reconnaissaient en lui un guide bienveillant, capable de les accompagner sur le chemin de la guérison émotionnelle.

Stéphane continuait d'écrire et de partager ses connaissances, explorant de nouvelles facettes de la dépendance affective et de l'estime de soi. Il était un fervent défenseur de l'idée que chaque individu possède le pouvoir de se libérer des schémas émotionnels néfastes et de trouver l'amour et le respect de soi.

Grâce à son livre, Stéphane laissa un héritage durable dans le domaine de la guérison émotionnelle. Son travail inspira de nombreux autres thérapeutes, écrivains et chercheurs à explorer davantage les questions de dépendance affective et d'estime de soi.

Aujourd'hui, le livre de Stéphane est considéré comme un classique dans le domaine de la psychologie et du développement personnel. Son message résonne toujours avec force, invitant les lecteurs à briser les chaînes de la dépendance affective, à cultiver une estime de soi solide et à s'épanouir pleinement dans leurs relations et leur vie en général.

Introduction

Dans les profondeurs de notre être, notre cœur résonne d'un désir profond d'amour, de connexion et de bonheur. Nous aspirons à être aimés et à aimer, à nouer des relations profondes et significatives. Cependant, il arrive parfois que notre quête d'amour et de connexion devienne une dépendance, nous emprisonnant dans des schémas malsains et étouffants.

La dépendance affective, cette chaîne invisible qui nous lie à nos peurs et à nos insécurités émotionnelles, peut nous éloigner de notre véritable essence et de notre pouvoir intérieur. Elle nous pousse à chercher l'amour et l'approbation des autres de manière excessive, mettant ainsi notre bien-être émotionnel en péril.

Mais il est temps de briser ces chaînes.

Bienvenue dans "Libère ton Cœur : Brise les Chaînes de la Dépendance Affective". Ce livre est un guide compatissant et éclairant qui vous aidera à explorer les profondeurs de votre être, à comprendre les racines de votre dépendance affective et à vous libérer de son emprise. Nous vous accompagnerons pas à pas dans votre cheminement vers une guérison émotionnelle durable et vers une estime de soi solide.

Je suis Stéphane, écrivain et thérapeute passionné depuis plus de vingt ans par la guérison de la dépendance affective et l'estime de soi. À travers mon expérience professionnelle et mes propres luttes émotionnelles, j'ai acquis une compréhension profonde des mécanismes de la dépendance affective et des voies de la guérison.

Dans ce livre, je partagerai avec vous les connaissances, les outils et les stratégies pratiques que j'ai développés au fil des années pour aider mes patients à se libérer de la dépendance affective et à reconstruire une estime de soi solide. Vous découvrirez comment identifier les schémas de dépendance affective qui vous entravent, comment cultiver l'amour de soi authentique et comment établir des relations saines et équilibrées.

Chaque chapitre de ce livre est conçu pour vous guider à travers les différentes étapes de votre cheminement vers la guérison émotionnelle. Des exercices pratiques, des réflexions introspectives et des conseils bienveillants vous accompagneront tout au long de votre exploration intérieure.

Je souhaite que ce livre soit une source d'inspiration et de transformation pour vous. Que vous soyez en proie à une dépendance affective ou que vous cherchiez simplement à renforcer votre estime de soi, vous trouverez ici les ressources nécessaires pour libérer votre cœur des chaînes émotionnelles qui le retiennent prisonnier.

Préparez-vous à embrasser ce voyage de guérison, de découverte de soi et de transformation personnelle. Ensemble, nous briserons les chaînes de la dépendance affective et vous ouvrirons les portes d'une vie empreinte de liberté, d'amour véritable et d'épanouissement.

Il est temps de libérer votre cœur.

Bienvenue dans cette aventure.

Chapitre 1 :
Comprendre la dépendance affective

Dans ce chapitre, nous plongerons au cœur de la dépendance affective pour en comprendre les bases fondamentales. Nous explorerons les différents types de dépendance affective et les schémas de comportement qui y sont associés. Nous prendrons conscience des conséquences néfastes de cette dépendance sur notre bien-être émotionnel.

En comprenant les mécanismes sous-jacents de la dépendance affective, nous serons mieux préparés à identifier ces schémas en nous-mêmes et dans nos relations. Nous explorerons les origines possibles de cette dépendance et son lien avec nos blessures émotionnelles passées.

L'objectif de ce chapitre est de vous offrir une vision claire de la dépendance affective, de ses symptômes et de ses manifestations dans votre vie. Cela vous permettra de prendre conscience de l'impact qu'elle peut avoir sur votre bien-être émotionnel et de la nécessité de briser ces schémas afin de vous libérer.

En développant une compréhension profonde de la dépendance affective, vous serez mieux équipé pour entreprendre votre cheminement vers la guérison émotionnelle et la construction d'une estime de soi solide. Ce chapitre sera votre fondation, posant les bases nécessaires pour la suite de votre voyage vers la liberté émotionnelle.

Libère ton cœur : Brise les chaînes de la Dépendance Affective

1.1 Les bases de la dépendance affective

La dépendance affective est un concept qui concerne de nombreuses personnes et peut avoir un impact significatif sur notre bien-être émotionnel. Comprendre les bases de cette dépendance nous permettra de nous engager sur la voie de la guérison.

La dépendance affective trouve souvent son origine dans nos premières expériences relationnelles, notamment avec nos figures d'attachement dans l'enfance. Si nous n'avons pas reçu suffisamment d'amour, de soutien et d'attention durant cette période, il est possible que nous développions des schémas d'attachement anxieux ou évitants à l'âge adulte.

La dépendance affective se caractérise par un besoin excessif de validation et d'amour provenant des autres. Nous nous sentons incomplets ou insécurisés si nous ne recevons pas constamment cette validation. Ce besoin peut nous pousser à rechercher l'amour et l'approbation de manière excessive, même si cela nuit à notre bien-être émotionnel.

Il est important de reconnaître que la dépendance affective ne définit pas notre valeur en tant qu'individus. Elle est plutôt le résultat de schémas appris qui peuvent être modifiés. En comprenant les bases de cette dépendance, nous pouvons prendre conscience des schémas qui se répètent dans nos relations et commencer à travailler sur notre autonomie émotionnelle.

La guérison de la dépendance affective commence par la prise de conscience de nos schémas de comportement. Il est important de reconnaître les signes de dépendance, tels que le besoin constant d'attention, la peur de l'abandon ou le fait de s'oublier dans une relation. Une fois que nous sommes conscients de ces schémas, nous pouvons commencer à les remettre en question et à les transformer.

Dans notre voyage vers la guérison, il est essentiel de cultiver l'amour de soi. Apprendre à s'aimer, se valoriser et se respecter est un élément clé pour briser les chaînes de la dépendance affective. Nous pouvons également explorer de nouvelles façons de construire des relations saines et équilibrées, basées sur le respect mutuel et la communication ouverte.

Dans les chapitres à venir, nous explorerons en détail ces différentes dimensions de la dépendance affective. Nous découvrirons des outils pratiques, des conseils et des exercices pour nous aider à nous libérer de cette dépendance et à construire une estime de soi solide.

Souvenez-vous, la dépendance affective ne définit pas qui nous sommes. Nous avons tous le pouvoir de nous libérer de ses chaînes et de vivre une vie épanouissante, remplie d'amour et de bonheur véritable.

1.2 Les différents types de dépendance affective

La dépendance affective peut se manifester de différentes manières, et il est important de reconnaître les différents types afin de mieux comprendre notre propre expérience. Voici quelques-uns des types les plus courants de dépendance affective. En tant que professionnel de la thérapie, je respecte et protège l'anonymat et la confidentialité de mes patients. Par conséquent, je ne peux pas partager d'exemple spécifique provenant de mon expérience clinique. Cependant, je peux vous donner une description générale des différentes dépendances et des problématiques couramment rencontrées.

Dépendance émotionnelle : Ce type de dépendance se caractérise par un besoin constant d'attention et d'affection de la part des autres. Les personnes qui souffrent de dépendance émotionnelle ont souvent du mal à être seules et ressentent une insécurité profonde lorsqu'elles ne sont pas entourées de personnes qui les valorisent.

En tant que professionnel de la thérapie depuis 20 ans, j'ai rencontré de nombreux individus confrontés à la dépendance émotionnelle. Permettez-moi de partager un exemple complètement fictif pour illustrer parfaitement cette expérience :

Dans cet exemple, nous appellerons, ma patiente Laura. Cette dernière éprouvait une forte dépendance émotionnelle. Elle cherchait constamment la validation et l'amour des autres, se sentant incomplète et insécure lorsqu'elle était seule. Laura craignait d'être rejetée et se retrouvait souvent dans des relations toxiques, sacrifiant ses propres besoins pour maintenir l'attention et l'affection des autres.

Au fil de notre travail thérapeutique, nous avons exploré les origines de sa dépendance émotionnelle, remontant à son enfance où elle avait vécu un manque d'amour et de validation de la part de ses parents. Cette expérience avait créé en elle un besoin insatiable de recevoir de l'amour et de l'attention des autres pour se sentir valorisée.

En travaillant ensemble, nous avons identifié les schémas de comportement liés à sa dépendance émotionnelle, tels que la peur de l'abandon, la recherche excessive de relations amoureuses et le manque de confiance en elle-même. Nous avons ensuite entamé un processus de reconstruction de son estime de soi et de renforcement de sa capacité à se valoriser indépendamment des autres.

Au fil du temps, Laura a appris à développer une relation saine avec elle-même, à cultiver l'amour-propre et à identifier ses propres besoins émotionnels. Elle a également appris à établir des limites claires dans ses relations et à choisir des partenaires qui la soutenaient véritablement.

Cet exemple illustre la réalité de la dépendance émotionnelle et comment le travail thérapeutique peut aider à briser les chaînes de cette dépendance. Chaque parcours est unique, et il est essentiel de trouver des stratégies et des outils personnalisés pour se libérer de cette dépendance et cultiver des relations saines et équilibrées.

Dépendance relationnelle : Ce type de dépendance se manifeste par une peur intense de l'abandon et une forte dépendance aux relations amoureuses. Les personnes dépendantes sur le plan relationnel ont souvent du mal à se détacher de relations toxiques ou destructrices, même si elles en souffrent émotionnellement.

Toujours sur un exemple fictif mais reflétant parfaitement cette pathologie, voici comment s'illustre une dépendance relationnelle profonde. Cette personne avait une peur intense de l'abandon et était constamment en quête d'affection et de validation de la part de ses partenaires. Malgré des relations toxiques et destructrices, il avait du mal à se détacher et restait accroché à l'espoir que les choses s'amélioreraient.

Au cours de nos séances thérapeutiques, nous avons exploré les origines de sa dépendance relationnelle, remontant à son enfance où il avait vécu une absence d'amour et de stabilité émotionnelle. Cette expérience avait créé en lui une croyance profonde qu'il devait s'accrocher à une relation pour combler ses besoins affectifs et éviter la solitude.

En travaillant ensemble, nous avons identifié les schémas de comportement associés à sa dépendance relationnelle, tels que la peur de l'abandon, la tendance à négliger ses propres besoins pour satisfaire ceux des autres, et la difficulté à établir des limites saines dans ses relations.

Nous avons progressivement mis en place des stratégies pour l'aider à développer son autonomie émotionnelle et à cultiver sa confiance en lui. Cela incluait l'exploration de ses propres passions et intérêts, l'apprentissage de l'amour de soi et l'acquisition de compétences en matière de communication assertive.

Au fil du temps, il a progressé dans son cheminement vers l'indépendance émotionnelle et a appris à reconnaître les signes d'une relation toxique. Il a acquis les outils nécessaires pour établir des limites claires et pour choisir des partenaires qui respectent ses besoins et sa valeur personnelle.

Cet exemple illustre la réalité de la dépendance relationnelle et comment le travail thérapeutique peut aider à briser les chaînes de cette dépendance. Chaque parcours est unique, et il est essentiel de fournir un soutien individualisé pour permettre aux personnes dépendantes sur le plan relationnel de se libérer de schémas néfastes et de construire des relations saines et équilibrées.

Dépendance sexuelle : Cette forme de dépendance est caractérisée par une obsession excessive pour le sexe ou les comportements sexuels compulsifs. Les personnes qui en souffrent utilisent souvent le sexe comme un moyen de se sentir aimées, validées ou de combler un vide émotionnel. La dépendance sexuelle est une problématique complexe où les individus ressentent une obsession et une impulsivité sexuelle incontrôlables. Ils peuvent avoir recours à des comportements sexuels compulsifs ou répétitifs et chercher une gratification instantanée. Ces comportements peuvent avoir un impact négatif sur différents aspects de leur vie, y compris leurs relations, leur estime de soi et leur bien-être émotionnel.

Le processus thérapeutique pour la dépendance sexuelle implique souvent une exploration approfondie des origines de la dépendance, des émotions sous-jacentes et des facteurs déclencheurs. Il peut également inclure des stratégies de gestion des impulsions, la mise en place de limites saines et l'apprentissage de compétences relationnelles positives.

Voici un exemple fictif qui illustre la problématique de la dépendance sexuelle :
Cette jeune femme dans la trentaine, consulte un thérapeute en raison de ses préoccupations concernant sa relation avec le sexe. Elle partage qu'elle a toujours ressenti un besoin intense d'attention et de validation, et qu'elle a souvent utilisé le sexe comme un moyen de se sentir aimée et désirable. Elle reconnaît que ses comportements sexuels sont devenus compulsifs, qu'elle a du mal à contrôler ses impulsions et qu'elle ressent une détresse émotionnelle après chaque épisode.
Au fur et à mesure de la thérapie, il devient évident qu'elle utilise le sexe comme une échappatoire pour éviter de faire face à ses insécurités profondes et à ses peurs d'abandon. Elle a grandi dans un environnement où elle se sentait souvent négligée et peu valorisée, ce qui a renforcé son besoin constant de validation extérieure. Ses comportements sexuels compulsifs sont devenus une façon pour elle de se sentir temporairement comblée et aimée.
Le travail thérapeutique avec cette femme se concentre sur l'exploration de son estime de soi et de ses croyances sous-jacentes sur sa valeur personnelle. Elle apprend à identifier ses émotions, à développer des mécanismes de gestion du stress plus sains et à cultiver une relation plus bienveillante avec elle-même. Le thérapeute l'accompagne dans l'élaboration de stratégies pour se libérer de sa dépendance sexuelle, en l'aidant à reconnaître et à gérer ses déclencheurs émotionnels, à établir des limites claires et à explorer des moyens plus

épanouissants de développer des relations intimes et significatives.

Cet exemple fictif met en évidence les défis rencontrés par les personnes souffrant de dépendance sexuelle et souligne l'importance d'une thérapie spécialisée pour les aider à surmonter cette problématique et à construire une vie plus équilibrée et épanouissante.

Dépendance à la validation externe : Ce type de dépendance se manifeste par un besoin constant de reconnaissance et d'approbation de la part des autres. Les personnes dépendantes à la validation externe ont tendance à baser leur estime de soi sur l'opinion des autres, ce qui les rend vulnérables aux critiques et à la désapprobation.

Je le répète mais par respect pour la confidentialité de mes patients, je préfère partager un exemple fictif qui illustre cette très bien cette problématique :

Sophie, une femme dans la trentaine, consulte en raison de son besoin incessant de reconnaissance et d'approbation. Elle avoue se sentir constamment en quête d'approbation, cherchant à tout prix à plaire aux autres et à être perçue positivement. Elle se sent vulnérable face aux critiques et à la désapprobation, ce qui affecte profondément son estime de soi.

Au cours de notre travail thérapeutique, nous explorons les origines de cette dépendance à la validation externe. Sophie partage qu'elle a grandi dans un environnement où son estime de soi était étroitement liée à la façon dont elle était perçue par ses parents et ses pairs. Elle avait constamment besoin de se conformer aux attentes des autres pour se sentir valorisée.

Notre travail se concentre sur le développement de sa propre valeur intrinsèque, indépendamment de l'opinion des autres. Nous explorons ses talents, ses passions et ses qualités uniques, afin de renforcer son estime de soi de manière authentique. Sophie apprend à reconnaître les schémas de pensées limitants et à cultiver une confiance en elle basée sur sa propre perception plutôt que sur celle des autres.

À travers différentes techniques thérapeutiques, comme la restructuration cognitive et la pratique de l'auto-compassion, Sophie parvient peu à peu à se libérer de sa dépendance à la validation externe. Elle apprend à se valoriser pour ce qu'elle est réellement et à développer une autonomie émotionnelle qui lui permet de ne plus être constamment à la merci de l'opinion des autres.

Cet exemple fictif reflète les défis auxquels font face les personnes dépendantes à la validation externe et met en lumière l'importance de travailler sur l'estime de soi et l'autonomie émotionnelle. Chaque individu a le potentiel de se libérer de cette dépendance en développant une relation bienveillante avec lui-même et en se basant sur ses propres valeurs et perceptions. La thérapie offre un soutien précieux dans ce cheminement vers une vie plus épanouie et en accord avec sa véritable identité.

Dépendance à l'idéalisation : Ce type de dépendance se caractérise par la tendance à idéaliser et à mettre sur un piédestal les autres, en particulier les partenaires amoureux. Les personnes dépendantes à l'idéalisation ont souvent du mal à voir les défauts et les aspects négatifs de leurs relations, ce qui peut les maintenir dans des situations malsaines ou abusives.

Je vais vous partager un exemple fictif qui illustre parfaitement cette pathologie qu'est la dépendance à l'idéalisation :

Lucie, une femme dans la quarantaine, consulte en raison de ses difficultés relationnelles. Elle avoue avoir tendance à idéaliser ses partenaires amoureux et à mettre sur un piédestal leurs qualités positives, tout en minimisant ou en ignorant leurs défauts et les aspects négatifs de la relation. Cette idéalisation l'amène à rester dans des relations malsaines et abusives, car elle est incapable de voir la réalité en face.

Au cours de notre travail thérapeutique, nous explorons les origines de cette dépendance à l'idéalisation. Lucie partage qu'elle a grandi dans un environnement où elle avait du mal à se sentir valorisée et aimée. Elle cherchait donc constamment des partenaires qui combleraient ce vide affectif et projetait sur eux ses désirs et attentes les plus élevés.

Nous travaillons ensemble pour développer chez Lucie une conscience critique de ses schémas de pensée idéalisant et pour l'aider à voir les relations de manière plus équilibrée. Nous examinons également ses propres besoins et valeurs, afin qu'elle puisse établir des critères réalistes dans le choix de ses partenaires.

Grâce à des techniques thérapeutiques telles que la remise en question des croyances limitantes et le renforcement de l'estime de soi, Lucie commence à se libérer de sa dépendance à l'idéalisation. Elle apprend à voir les personnes et les relations de manière plus objective, en tenant compte à la fois des aspects positifs et des aspects négatifs. Elle se donne également la permission de mettre fin à des relations qui ne lui conviennent pas, même si cela signifie se confronter à la réalité et aux difficultés émotionnelles qui en découlent.

Cet exemple fictif met en évidence les défis auxquels sont confrontées les personnes dépendantes à l'idéalisation et souligne l'importance de développer une vision réaliste des relations. La thérapie peut être un outil précieux pour aider les individus à prendre conscience de leurs schémas de pensée, à développer une estime de soi solide et à établir des relations plus saines et équilibrées.

Il est important de noter que ces types de dépendance affective ne sont pas mutuellement exclusifs et peuvent se chevaucher. Certaines personnes peuvent également présenter des traits de dépendance affective dans différents domaines de leur vie, tels que les relations amoureuses, l'amitié ou même le travail.

En prenant conscience de ces différents types de dépendance affective, nous pouvons commencer à identifier les schémas qui nous concernent personnellement. Cela nous donne également un point de départ pour explorer les causes sous-jacentes de notre dépendance et entreprendre des mesures concrètes pour briser ces chaînes.

Dans les chapitres à venir, nous explorerons chacun de ces types de dépendance affective en détail, en examinant les signes et les conséquences associés, ainsi que des stratégies pour s'en libérer. Rappelez-vous que la guérison de la dépendance affective est un processus progressif, mais en développant une compréhension approfondie de ces différents types, vous êtes déjà sur la voie de la libération émotionnelle.

1.3 Les conséquence de la dépendance affective

La dépendance affective peut entraîner des conséquences significatives sur notre bien-être émotionnel, nos relations et notre estime de soi. Comprendre ces conséquences nous permet de prendre conscience de l'importance de briser les chaînes de la dépendance et de travailler vers une guérison émotionnelle durable. Voici quelques-unes des conséquences courantes de la dépendance affective :

> **Relations toxiques** : La dépendance affective peut nous conduire à maintenir des relations toxiques ou abusives. Par crainte de l'abandon ou du rejet, nous pouvons tolérer des comportements nocifs,

compromettant ainsi notre bien-être émotionnel et notre estime de soi. Ces relations dysfonctionnelles peuvent être émotionnellement épuisantes et nuire à notre capacité à construire des relations saines et équilibrées.

En tant que professionnel de la thérapie depuis 20 ans, j'ai eu l'occasion d'accompagner de nombreuses personnes qui étaient pris au piège de relations toxiques en raison de leur dépendance affective. Ces relations sont souvent caractérisées par des comportements nocifs tels que la manipulation, l'abus émotionnel, la violence verbale ou physique, et un déséquilibre de pouvoir flagrant.

Je trouve cela toujours plus parlant d'illustrer mes propos par un exemple d'un patient fictif, toujours pour respecter la déontologie de ma profession. Celui de Marc, un homme dans la quarantaine, qui était pris dans une relation toxique depuis plusieurs années. Il était constamment rabaissé et critiqué par sa partenaire, qui exerçait un contrôle excessif sur sa vie. Marc se sentait pris au piège dans cette relation, craignant de perdre l'amour et l'approbation de sa partenaire s'il essayait de se détacher. Sa dépendance affective l'empêchait de voir la réalité de la situation et de reconnaître l'impact destructeur que cela avait sur sa vie.

Dans le cadre de la thérapie, nous avons exploré les schémas de pensée et les croyances limitantes de Marc, qui le poussaient à rester dans cette relation toxique. Il avait intériorisé l'idée qu'il était incapable d'être aimé et valorisé par quelqu'un d'autre, ce qui l'amenait à tolérer les comportements abusifs de sa partenaire. Nous avons travaillé sur la reconstruction de son estime de soi et de sa confiance en ses propres valeurs, lui permettant de se détacher de cette relation toxique.

Une des clés dans le processus de guérison de Marc a été de lui faire prendre conscience de son droit à une relation saine et respectueuse. Nous avons exploré ensemble les signes précurseurs des relations toxiques et les mécanismes de manipulation utilisés par les partenaires abusifs. Marc a appris à reconnaître les comportements abusifs et à mettre en place des limites claires pour préserver son bien-être émotionnel.

À travers ce travail thérapeutique, Marc a réussi à se détacher progressivement de cette relation toxique et à reconstruire sa vie sur des bases saines. Il a développé une plus grande estime de soi et une meilleure compréhension de ses besoins et de ses valeurs. Il a également appris à repérer les signaux d'alerte des relations toxiques et à s'engager uniquement dans des relations qui respectent son intégrité émotionnelle.

Cet exemple met en lumière l'importance de reconnaître les relations toxiques dans notre vie et de prendre des mesures pour s'en libérer. La dépendance affective peut nous conduire à tolérer des comportements nuisibles, mais il est essentiel de comprendre que nous méritons des relations saines, respectueuses et épanouissantes. La thérapie offre un espace sécurisé pour explorer ces schémas, guérir les blessures émotionnelles et construire des relations plus équilibrées et saines.

Manque d'autonomie émotionnelle : Les personnes dépendantes affectives ont souvent du mal à être autonomes émotionnellement. Elles peuvent se sentir incomplètes ou vides en l'absence de validation ou d'amour externe, ce qui limite leur capacité à se satisfaire elles-mêmes sur le plan émotionnel. Ce manque d'autonomie émotionnelle peut entraîner une dépendance excessive aux autres et un sentiment d'impuissance face à leurs propres émotions.

Le manque d'autonomie émotionnelle est une problématique fréquente chez les personnes dépendantes affectives. Il s'agit d'une difficulté à être indépendant sur le plan émotionnel, à se sentir complet et satisfait de manière autonome. Les personnes qui en souffrent ont souvent tendance à rechercher constamment la validation et l'amour des autres pour se sentir comblées émotionnellement.

Le travail thérapeutique consiste à aider les individus à développer leur autonomie émotionnelle en se connectant à leurs propres émotions, en les comprenant et en y répondant de manière autonome. Cela implique d'apprendre à identifier et à exprimer ses besoins émotionnels, à gérer ses propres émotions sans dépendre des autres pour les réguler, et à développer une confiance en soi solide qui ne dépend pas de l'approbation des autres.

Pour atteindre cette autonomie émotionnelle, différentes approches peuvent être utilisées en thérapie, telles que la gestion des émotions, la communication assertive, la confiance en soi et l'estime de soi. Les techniques de régulation émotionnelle, telles que la respiration consciente, la méditation ou l'écriture expressive, peuvent également être enseignées pour aider les personnes à développer leur propre capacité à gérer leurs émotions.

Au fil du temps et avec un travail régulier, les individus peuvent progressivement gagner en autonomie émotionnelle. Ils apprennent à se nourrir intérieurement, à se soutenir émotionnellement et à s'épanouir indépendamment des autres. Cela leur permet de construire des relations plus saines et équilibrées, basées sur le respect mutuel et la complémentarité, plutôt que sur la dépendance émotionnelle.

Il est important de souligner que le processus d'acquisition de l'autonomie émotionnelle peut prendre du temps et nécessiter un engagement personnel. Chaque personne est unique, et le cheminement vers l'autonomie émotionnelle peut varier d'un individu à l'autre. L'accompagnement thérapeutique offre un soutien précieux dans ce processus, en fournissant des outils, des conseils et un espace sécurisé pour explorer les blocages émotionnels et développer des stratégies d'autonomie.

En somme, la dépendance affective est souvent associée à un manque d'autonomie émotionnelle. Cependant, il est tout à fait possible de développer cette autonomie en apprenant à se connecter à ses propres émotions, à les comprendre et à y répondre de manière autonome. La thérapie peut être un précieux allié dans ce cheminement, offrant un soutien professionnel et des outils pour aider les individus à se créer une vie émotionnellement épanouissante et équilibrée.

> **Baisse de l'estime de soi** : La dépendance affective peut avoir un impact négatif sur notre estime de soi. Si nous basons notre valeur et notre bonheur sur l'approbation des autres, nous sommes vulnérables aux fluctuations de l'opinion des autres à notre égard. Cela peut conduire à une estime de soi fragile et à une recherche constante de validation externe, ce qui maintient le cycle de la dépendance affective.

Cette dépendance à l'approbation des autres crée une vulnérabilité aux fluctuations de l'opinion des autres à notre égard. Si les autres nous approuvent et nous valorisent, nous nous sentons bien, mais dès qu'il y a désapprobation ou critique, notre estime de soi peut être sérieusement ébranlée. Cette instabilité émotionnelle et cette fragilité de l'estime de soi maintiennent le cycle de la dépendance affective, car nous devenons dépendants de la validation externe pour se sentir bien dans notre peau.

Il est important de reconnaître que notre valeur en tant qu'individus ne devrait pas être déterminée par l'opinion des autres. Chacun de nous a une valeur intrinsèque et mérite d'être aimé et respecté, indépendamment de ce que les autres pensent ou disent. La construction d'une estime de soi solide et authentique implique de développer une confiance en soi interne, basée sur nos propres réalisations, nos qualités personnelles et notre croissance personnelle.

En thérapie, nous travaillons sur le renforcement de l'estime de soi en aidant les individus à identifier et à remettre en question les croyances négatives sur eux-mêmes qui alimentent la dépendance affective. Nous encourageons le développement d'une attitude bienveillante envers soi-même, en mettant l'accent sur l'auto-acceptation. Cela implique d'apprendre à se valoriser indépendamment de l'opinion des autres, en reconnaissant ses qualités, ses forces et ses réalisations.

Le travail thérapeutique peut également inclure des exercices pratiques tels que la tenue d'un journal de gratitudes, l'identification et la célébration de ses succès, et la pratique de l'auto-soin. En se concentrant sur l'investissement dans sa propre croissance personnelle et en se donnant la permission d'être imparfait, on peut progressivement reconstruire une estime de soi solide et résiliente.

Il est important de noter que le processus de renforcement de l'estime de soi et de libération de la dépendance affective peut prendre du temps et nécessiter un travail continu. Chaque personne est unique et le cheminement vers une estime de soi saine peut varier d'un individu à l'autre. L'accompagnement thérapeutique offre un soutien essentiel dans ce processus, en fournissant des outils, des perspectives et un espace de guérison où l'on peut reconstruire une estime de soi solide et durable.

Peur de l'abandon : La dépendance affective est souvent accompagnée d'une peur intense de l'abandon. Cette peur peut générer de l'anxiété et influencer nos comportements dans les relations. Nous pouvons être enclins à nous accrocher à des relations malsaines par peur d'être seuls, même si cela nous fait souffrir. Cette peur de l'abandon peut également nous empêcher de prendre des décisions autonomes et d'exprimer nos besoins et nos limites.

La peur de l'abandon est un aspect central de la dépendance affective. Cette crainte intense de perdre les autres peut exercer une influence considérable sur notre bien-être émotionnel et nos comportements dans les relations.

La peur de l'abandon est souvent enracinée dans des expériences passées où nous avons été rejetés, abandonnés ou négligés. Ces expériences douloureuses créent une blessure émotionnelle profonde et renforcent notre besoin de sécurité et d'attachement. Par conséquent, nous pouvons être enclins à nous accrocher à des relations toxiques ou destructrices par peur d'être seuls.

Cette peur de l'abandon peut également générer une anxiété constante qui influence nos pensées, nos émotions et nos comportements. Nous pouvons être obsédés par la peur de perdre nos proches, ce qui peut entraîner une hypervigilance, une jalousie excessive et un besoin constant de réassurance.

De plus, la peur de l'abandon peut compromettre notre capacité à nous affirmer et à exprimer nos besoins et nos limites dans les relations. Nous pouvons craindre que si nous exprimons nos besoins, nous serons rejetés ou abandonnés. Par conséquent, nous avons tendance à nous effacer, à sacrifier nos propres désirs et à nous conformer aux attentes des autres, ce qui nuit à notre autonomie émotionnelle.

La prise de conscience de cette peur de l'abandon est une étape cruciale dans le processus de guérison de la dépendance affective. Il est important de reconnaître que cette peur est souvent irrationnelle et basée sur des blessures passées. En travaillant avec un thérapeute, nous pouvons explorer ces blessures, les comprendre et les guérir progressivement.

L'apprentissage de la confiance en soi et l'amélioration de l'estime de soi sont des éléments clés pour surmonter la peur de l'abandon. En développant une confiance en nos propres ressources et notre capacité à faire face aux difficultés, nous devenons moins dépendants des autres pour notre sécurité émotionnelle.

De plus, apprendre à cultiver des relations saines et équilibrées est essentiel pour surmonter la peur de l'abandon. Cela implique d'établir des limites claires, de communiquer nos besoins et nos attentes, et de choisir des partenaires qui respectent et soutiennent notre croissance personnelle.

En somme, la peur de l'abandon est une composante fréquente de la dépendance affective. Elle génère de l'anxiété et peut influencer nos comportements dans les relations. Toutefois, en prenant conscience de cette peur, en travaillant sur notre confiance en nous et en cultivant des relations saines, nous pouvons progressivement surmonter cette peur et construire des liens plus équilibrés et épanouissants. Le soutien thérapeutique peut être d'une grande aide dans ce processus, offrant un espace sûr pour explorer et guérir les blessures émotionnelles liées à la peur de l'abandon.

Négligence de soi : Les personnes dépendantes affectives ont tendance à se négliger elles-mêmes au profit des autres. Elles peuvent se sacrifier, ignorer leurs propres besoins et se focaliser excessivement sur les besoins des autres. Cette négligence de soi peut conduire à l'épuisement émotionnel, à la frustration et à une perte d'identité personnelle.

La négligence de soi est une caractéristique courante chez les personnes dépendantes affectives. Elles ont tendance à accorder une priorité excessive aux besoins et aux désirs des autres, au détriment de leurs propres besoins et de leur bien-être.

Cette négligence de soi peut prendre différentes formes. Parfois, cela se manifeste par un manque d'attention portée à ses propres émotions, désirs et aspirations. Les personnes dépendantes affectives peuvent être si préoccupées par la satisfaction des autres qu'elles s'oublient complètement. Elles peuvent même ignorer leurs propres besoins fondamentaux tels que le repos, la détente, la nourriture saine, l'exercice physique, etc.

En se mettant constamment au service des autres, ces personnes courent le risque de s'épuiser émotionnellement. Elles peuvent ressentir de la frustration, de la colère ou de la tristesse en réalisant qu'elles ont négligé leurs propres besoins. Cette négligence de soi peut également entraîner une perte d'identité personnelle, car elles se définissent principalement à travers les relations qu'elles entretiennent avec les autres.

Il est important de noter que cette négligence de soi n'est pas volontaire. Les personnes dépendantes affectives ont souvent développé des schémas de comportement basés sur des croyances profondément ancrées, telles que le fait de croire que leur valeur dépend de leur capacité à satisfaire les besoins des autres. Elles peuvent également craindre que si elles s'affirment et prennent soin d'elles-mêmes, elles seront rejetées ou abandonnées.

La prise de conscience de cette négligence de soi est une étape essentielle dans le processus de guérison. Cela implique de reconnaître que nos propres besoins et notre bien-être sont tout aussi importants que ceux des autres. Il est crucial d'apprendre à s'écouter, à se respecter et à s'accorder la même attention et le même soin que nous accordons aux autres.

La pratique de l'auto-compassion est un outil précieux pour surmonter la négligence de soi. Cela implique de cultiver une bienveillance envers soi-même, de reconnaître nos propres limites et d'apprendre à se pardonner et à s'accepter tel que nous sommes. Il s'agit d'adopter une attitude de bienveillance et de gentillesse envers soi-même, même lorsque nous commettons des erreurs ou que nous avons des besoins différents de ceux des autres.

Il est également important de définir et de respecter nos propres limites. Cela signifie dire "non" lorsque cela est nécessaire, même si cela peut décevoir ou contrarier les autres. Il est essentiel de communiquer nos besoins de manière assertive et d'établir des limites claires dans nos relations.

En conclusion, la négligence de soi est un trait courant chez les personnes dépendantes affectives. Elles ont tendance à se mettre au service des autres au détriment de leurs propres besoins et bien-être.

Répétition de schémas dysfonctionnels : Sans prise de conscience et travail sur la dépendance affective, il est courant de reproduire les mêmes schémas dysfonctionnels dans nos relations. Nous pouvons attirer des partenaires qui renforcent notre dépendance affective ou nous retrouver dans des dynamiques de dépendance similaires à celles que nous avons vécues dans le passé. Cela crée un cercle vicieux où les schémas de dépendance affective se répètent, compromettant notre capacité à établir des relations saines et épanouissantes.

Lorsque nous n'avons pas pris conscience de ce problème et que nous n'avons pas entrepris de travail sur nous-mêmes, il est courant de reproduire les mêmes schémas dysfonctionnels dans nos relations. Ces schémas peuvent prendre différentes formes, tels que l'attirance pour des partenaires qui renforcent notre dépendance affective ou le fait de se retrouver dans des dynamiques de dépendance similaires à celles que nous avons vécues par le passé.

Cette répétition de schémas dysfonctionnels crée un cercle vicieux dans lequel notre dépendance affective continue à se nourrir. Nous sommes susceptibles de retomber dans les mêmes schémas de comportement, les mêmes erreurs et les mêmes souffrances, compromettant ainsi notre capacité à établir des relations saines et épanouissantes.

Comprendre ces schémas répétitifs est essentiel pour briser le cycle de la dépendance affective. Cela nécessite de se pencher sur nos expériences passées, d'identifier les schémas qui se répètent et de prendre conscience des raisons pour lesquelles nous sommes attirés par ces dynamiques toxiques. En prenant du recul et en analysant nos relations, nous pouvons commencer à identifier les signaux d'alarme et les comportements qui sont préjudiciables à notre bien-être.

Le travail thérapeutique est particulièrement bénéfique dans ce processus. Un thérapeute expérimenté peut nous aider à explorer nos schémas de dépendance affective, à comprendre les origines de ces schémas et à développer de nouvelles stratégies pour établir des relations saines. Grâce à un travail de guérison et de croissance personnelle, nous pouvons progressivement briser les schémas dysfonctionnels et nous ouvrir à des expériences relationnelles plus épanouissantes.

Il est important de souligner que ce processus demande du temps et de la patience. La répétition de schémas dysfonctionnels ne se change pas du jour au lendemain, mais avec une prise de conscience continue, un engagement envers notre propre bien-être et le soutien adéquat, il est tout à fait possible de briser ces schémas et de construire des relations plus équilibrées et gratifiantes.

Il est important de prendre conscience de ces conséquences afin de réaliser l'ampleur des effets de la dépendance affective sur notre vie. Cependant, il est tout aussi essentiel de se rappeler qu'il est possible de se libérer de ces chaînes et de guérir de la dépendance affective.

Souvenez-vous que vous méritez des relations saines et respectueuses, ainsi qu'un amour véritable qui ne repose pas sur la dépendance. La guérison est possible, et en faisant ce voyage vers la liberté émotionnelle, vous ouvrez la porte à une vie plus épanouissante et équilibrée.

Chapitre 2 :
Reconnaître les schémas de dépendance affective

Dans ce chapitre, nous plongeons au cœur des schémas de dépendance affective, explorant les différents types de schémas qui peuvent influencer nos relations et notre bien-être émotionnel. Nous examinons en détail les schémas d'attachement anxieux, les schémas d'attachement évitants, les schémas de dépendance émotionnelle et les schémas de dépendance sexuelle. En comprenant ces schémas, leurs caractéristiques et les comportements qui y sont associés, nous acquérons une clarté précieuse sur notre propre fonctionnement émotionnel et les schémas qui peuvent nous limiter. Ce chapitre vise à élargir notre prise de conscience et à nous donner les outils nécessaires pour identifier et reconnaître les schémas de dépendance affective présents dans notre vie, nous permettant ainsi d'entreprendre un voyage de guérison et de transformation.

2.1 Les schémas de comportement associés à la dépendance affective

Les schémas de comportement associés à la dépendance affective sont variés et peuvent différer d'une personne à l'autre. Toutefois, certains schémas récurrents peuvent être identifiés, reflétant les modes de pensée et les actions typiques des personnes dépendantes sur le plan émotionnel.

Un schéma courant est celui de la recherche constante de validation et de confirmation de l'amour de l'autre. Les personnes qui présentent ce schéma ont tendance à accorder une grande importance à l'opinion et à l'approbation des autres, se basant sur ces éléments pour évaluer leur propre valeur et estime de soi. Elles peuvent chercher en permanence des signes d'affection et de reconnaissance de la part de leurs partenaires ou de leur entourage, et se sentir malheureuses ou insatisfaites lorsque ces signes leur font défaut.

Un autre schéma de comportement est celui de la peur intense de l'abandon. Les personnes concernées par ce schéma sont souvent en proie à une anxiété accrue dès lors qu'elles sentent une distance émotionnelle entre elles et leur partenaire. Elles peuvent avoir une grande difficulté à supporter la solitude et à être seules, cherchant donc à tout prix à éviter l'abandon en maintenant une forte dépendance émotionnelle. Cela peut se traduire par une tendance à s'adapter excessivement aux besoins et aux désirs de l'autre, à craindre l'indépendance et à sacrifier ses propres aspirations pour préserver la relation.

Certains schémas de comportement peuvent également se manifester par une peur de l'intimité et de la vulnérabilité émotionnelle. Les personnes qui éprouvent cette crainte peuvent avoir du mal à s'ouvrir et à partager leurs émotions profondes avec leur partenaire ou d'autres personnes proches. Elles peuvent ressentir une résistance à se laisser totalement aller dans une relation, craignant d'être blessées ou rejetées si elles se montrent authentiques et vulnérables. Ce schéma peut entraîner une distance émotionnelle et empêcher la construction de relations intimes et satisfaisantes.

Enfin, certains comportements associés à la dépendance affective peuvent prendre la forme d'une fixation excessive sur le besoin d'être aimé et d'avoir constamment une relation romantique dans sa vie. Les personnes concernées peuvent avoir du mal à être seules, se sentant incomplètes ou sans valeur en l'absence d'une relation amoureuse. Elles peuvent être enclines à entrer dans des relations précipitées ou à rester dans des relations insatisfaisantes par peur de la solitude ou de l'abandon.

Il est important de noter que ces schémas de comportement ne sont pas figés et peuvent évoluer au fil du temps. La reconnaissance de ces schémas constitue la première étape essentielle pour briser les chaînes de la dépendance affective. En prenant conscience de nos propres comportements et en comprenant comment ils sont liés à nos besoins émotionnels non comblés, nous pouvons commencer à entreprendre des actions positives pour nous libérer de ces schémas et cultiver des relations plus saines et équilibrées. En développant notre capacité à reconnaître et à remettre en question ces schémas de comportement, nous pouvons progressivement nous affranchir de la dépendance affective et travailler sur notre propre épanouissement émotionnel. Cela peut inclure des efforts pour renforcer notre estime de soi, apprendre à nous aimer et à nous valoriser indépendamment de l'approbation des autres, ainsi que pour établir des limites saines dans nos relations. Nous pouvons également explorer des pratiques d'autosoins et de développement personnel qui favorisent notre croissance émotionnelle et notre autonomie. À mesure que nous nous engageons dans ce processus de reconnaissance et de transformation, nous pouvons progressivement briser les schémas de dépendance affective et ouvrir la voie à des relations plus équilibrées, épanouissantes et basées sur un amour véritable et sain.

2.2 Identifier les origines des schémas de dépendance affective

Pour comprendre et transformer nos schémas de dépendance affective, il est essentiel d'identifier leurs origines. Les schémas de dépendance affective se forment généralement dans notre enfance en réponse à nos expériences relationnelles et émotionnelles précoces. Voici quelques éléments clés à prendre en compte lors de l'exploration des origines de ces schémas :

Attachement précoce : Notre style d'attachement précoce avec nos parents ou nos figures d'attachement influence souvent la formation des schémas de dépendance affective. Si nous avons vécu un attachement sécurisant, où nos besoins émotionnels étaient satisfaits de manière cohérente, il est plus probable que nous développerons des schémas de relation plus sains. En revanche, un attachement insécurisant, marqué par l'absence d'attention, de soutien émotionnel ou par des ruptures fréquentes, peut conduire à des schémas de dépendance affective.

L'attachement précoce joue un rôle crucial dans la formation des schémas de dépendance affective. Nos premières interactions avec nos parents ou nos figures d'attachement influencent profondément la manière dont nous établissons des liens avec les autres plus tard dans la vie. Si nous avons connu un attachement sécurisant, où nos besoins émotionnels étaient pris en compte de manière cohérente, il est plus probable que nous développerons des schémas de relation plus sains.

Un attachement sécurisant se caractérise par des parents ou des figures d'attachement sensibles et attentifs, capables de répondre de manière adéquate à nos besoins émotionnels. Ils nous fournissent un sentiment de sécurité et de confiance, ce qui nous permet de développer une base solide pour nos relations futures. Nous apprenons à nous sentir aimés et acceptés tels que nous sommes, et cela influence positivement notre estime de soi et notre capacité à maintenir des relations équilibrées.

En revanche, un attachement insécurisant peut favoriser le développement de schémas de dépendance affective. Si nous avons vécu des ruptures fréquentes, un manque d'attention ou de soutien émotionnel de la part de nos figures d'attachement, nous pouvons intérioriser des croyances négatives sur nous-mêmes et sur nos capacités à être aimés. Ces croyances peuvent influencer notre comportement dans les relations ultérieures, nous poussant à chercher constamment l'approbation et l'amour des autres pour combler ce vide émotionnel.

La bonne nouvelle est que les schémas d'attachement peuvent être modifiés et guéris. Même si nous avons connu un attachement insécurisant dans notre enfance, il est possible de développer de nouvelles compétences relationnelles et de réparer les blessures émotionnelles. Le travail thérapeutique offre un espace sécurisé pour explorer nos schémas d'attachement, prendre conscience des modèles de dépendance affective et les remplacer par des modèles plus sains.

La compréhension de notre style d'attachement précoce nous permet d'explorer les racines de nos schémas de dépendance affective et de mieux comprendre pourquoi nous avons tendance à nous accrocher à des relations malsaines ou à rechercher constamment l'approbation des autres. En prenant conscience de ces schémas, nous pouvons entamer un processus de guérison et de transformation, en développant une plus grande autonomie émotionnelle et une meilleure estime de soi.

Il est important de souligner que même si notre attachement précoce a influencé la formation de nos schémas de dépendance affective, cela ne détermine pas notre destin relationnel. Avec un travail personnel et un soutien approprié, nous pouvons guérir nos blessures émotionnelles et construire des relations plus équilibrées et épanouissantes.

L'attachement précoce joue un rôle clé dans la formation des schémas de dépendance affective. Un attachement sécurisant favorise des schémas de relation sains, tandis qu'un attachement insécurisant peut conduire à des schémas de dépendance

> **Modèles parentaux** : Les modèles relationnels que nous avons observés chez nos parents ou les figures d'autorité peuvent également influencer nos schémas de dépendance affective. Si nos parents rencontraient des difficultés dans leurs relations, étaient émotionnellement indisponibles ou avaient des schémas de dépendance eux-mêmes, nous avons pu intégrer ces schémas comme normaux ou adaptatifs.

Les modèles parentaux jouent un rôle significatif dans la formation de nos schémas de dépendance affective. En tant qu'enfants, nous sommes particulièrement sensibles à l'observation et à l'absorption des dynamiques relationnelles qui se déroulent autour de nous, en particulier celles de nos parents ou des figures d'autorité significatives. Les comportements, les schémas et les croyances que nous observons dans nos premières années de vie peuvent façonner nos propres schémas de dépendance affective à l'âge adulte.

Si nos parents ou figures d'autorité rencontraient des difficultés relationnelles, étaient émotionnellement indisponibles, ou manifestaient des schémas de dépendance eux-mêmes, nous avons pu intégrer ces modèles comme étant normaux ou adaptatifs. Par exemple, si nous avons grandi dans un environnement où l'un de nos parents dépendait émotionnellement de l'autre, nous pouvons considérer cette dépendance comme une norme acceptable dans nos propres relations.

De même, si nous avons été témoins de relations tumultueuses, de conflits récurrents, ou de schémas de dépendance malsains, il est possible que nous les reproduisions dans nos propres relations. Nous pouvons développer des croyances négatives sur l'amour, la confiance et l'intimité, et les manifester dans nos comportements et nos attentes relationnelles.

Il est important de noter que ces modèles parentaux ne sont pas une sentence définitive sur notre propre capacité à développer des relations saines. Reconnaître ces schémas et prendre conscience de leur influence est le premier pas vers la guérison et la transformation. En travaillant avec un thérapeute qualifié, nous pouvons explorer ces modèles, comprendre comment ils ont influencé notre propre développement, et apprendre à développer de nouvelles compétences relationnelles plus saines.

La thérapie peut nous aider à identifier les schémas parentaux qui ont contribué à notre dépendance affective et à les remettre en question. En comprenant les origines de nos schémas, nous pouvons commencer à les remodifier, à développer une plus grande autonomie émotionnelle et à adopter des modèles de relation plus sains et équilibrés.

Il est important de souligner que nous ne sommes pas condamnés à répéter les schémas de dépendance que nous avons observés chez nos parents. Nous avons la capacité de nous libérer de ces schémas et de créer des relations plus saines et épanouissantes. Cela nécessite un travail personnel approfondi, de la patience et du soutien, mais il est tout à fait possible de changer nos modèles relationnels et de vivre des relations basées sur la confiance, l'autonomie et l'épanouissement mutuel.

> **Expériences traumatiques** : Les traumatismes émotionnels ou physiques vécus dans notre enfance peuvent créer des schémas de dépendance affective en réponse à la recherche de sécurité et de réconfort. Les événements traumatisants, tels que l'abandon, l'abus ou la négligence, peuvent altérer notre perception de nous-mêmes et des autres, conduisant à des schémas de dépendance pour atténuer la douleur et la peur.

Les expériences traumatiques que nous avons vécues dans notre enfance peuvent avoir un impact significatif sur nos schémas de dépendance affective. Les traumatismes émotionnels ou physiques, tels que l'abandon, l'abus ou la négligence, peuvent créer des schémas de dépendance en réponse à notre recherche de sécurité et de réconfort.

Lorsque nous vivons des événements traumatiques, notre système de survie est activé et nous sommes confrontés à des situations qui menacent notre bien-être émotionnel et physique. Ces expériences peuvent altérer notre perception de nous-mêmes et des autres, et peuvent créer un besoin intense de chercher la sécurité et l'attachement dans nos relations.

Dans certains cas, les personnes qui ont vécu des traumatismes peuvent développer une dépendance affective envers des partenaires ou des figures d'autorité, cherchant à combler le vide émotionnel créé par ces expériences douloureuses. La dépendance affective devient un mécanisme d'adaptation pour atténuer la douleur et la peur associées aux traumatismes passés.

Ces schémas de dépendance peuvent se manifester de différentes manières. Certaines personnes peuvent rechercher constamment la validation et l'approbation des autres, dans l'espoir de se sentir aimées et en sécurité. D'autres peuvent craindre l'abandon et se retrouver dans des relations où elles tolèrent des comportements nocifs, simplement pour éviter la solitude et la peur de revivre le traumatisme de l'abandon.

Les expériences traumatiques peuvent également altérer notre estime de soi, nous amenant à nous percevoir comme étant indignes d'amour et de respect. Cette faible estime de soi peut nous pousser à accepter des relations malsaines, car nous pensons ne pas mériter mieux.

Il est important de souligner que les traumatismes ne définissent pas notre identité et qu'il est possible de guérir des blessures émotionnelles associées à ces expériences. La thérapie joue un rôle essentiel dans le processus de guérison, en nous aidant à traiter les traumatismes passés, à reconstruire notre estime de soi et à développer des compétences relationnelles saines.

En travaillant avec un thérapeute qualifié, nous pouvons apprendre à identifier les schémas de dépendance affective liés à nos expériences traumatiques, à comprendre comment ces schémas se sont formés et à trouver des moyens de les remettre en question. La thérapie peut également nous aider à gérer les conséquences émotionnelles des traumatismes et à renforcer notre résilience émotionnelle.

Il est important de souligner que la guérison des traumatismes et des schémas de dépendance affective prend du temps et nécessite un travail personnel continu. Cependant, avec un soutien approprié et une volonté de se confronter à ces expériences douloureuses, il est possible de briser le cycle de la dépendance et de développer des relations saines et épanouissantes.

Croyances limitantes : Les croyances que nous avons intégrées à partir de nos expériences peuvent également renforcer les schémas de dépendance affective. Par exemple, des croyances telles que "Je ne suis pas digne d'amour", "Je ne peux pas être heureux/se sans quelqu'un d'autre" ou "Je dois tout sacrifier pour garder une relation" peuvent maintenir nos schémas de dépendance.

Les croyances que nous avons intégrées à partir de nos expériences peuvent également renforcer les schémas de dépendance affective. Par exemple, des croyances telles que "Je ne suis pas digne d'amour", "Je ne peux pas être heureux/se sans quelqu'un d'autre" ou "Je dois tout sacrifier pour garder une relation" peuvent maintenir nos schémas de dépendance. Ces croyances limitantes façonnent notre perception de nous-mêmes et de nos relations, créant un cercle vicieux où nous cherchons constamment une validation externe pour combler un vide intérieur.

Il est essentiel d'identifier et de remettre en question ces croyances limitantes pour briser le cycle de la dépendance affective. La thérapie nous offre un espace sûr pour explorer ces croyances, comprendre leur origine et les remplacer par des croyances plus saines et positives. En développant une estime de soi solide et une confiance en nos propres ressources internes, nous pouvons nous libérer de la dépendance affective et vivre des relations plus épanouissantes.

Il est important de souligner que remettre en question nos croyances limitantes et les transformer demande du temps, de la patience et de la persévérance. Cela nécessite un travail introspectif continu, une volonté de se confronter à nos peurs et de sortir de notre zone de confort. Cependant, le processus en vaut la peine, car il nous permet de nous affranchir des schémas de dépendance et de construire des relations plus équilibrées, basées sur l'amour de soi, le respect mutuel et l'autonomie émotionnelle.

En conclusion, les croyances limitantes peuvent maintenir les schémas de dépendance affective en renforçant notre besoin de validation externe. Toutefois, en remettant en question ces croyances et en développant une estime de soi solide, nous pouvons briser ce cycle et construire des relations saines et épanouissantes. La thérapie et le travail sur soi sont des outils précieux pour transformer nos croyances limitantes et vivre une vie plus libre, indépendante et épanouissante sur le plan émotionnel.

En identifiant ces origines, nous pouvons prendre conscience des schémas profondément enracinés qui influencent nos comportements et nos relations. Cela nous permet de remettre en question ces schémas et de développer de nouvelles perspectives et approches plus saines. Dans les prochains chapitres, nous explorerons des techniques et des stratégies pour guérir ces blessures et transformer les schémas de dépendance affective, en nous donnant la possibilité de cultiver des relations épanouissantes et d'évoluer vers une plus grande autonomie émotionnelle.

2.3 Les signes révélateurs de la dépendance affective

La dépendance affective peut se manifester à travers différents signes révélateurs qui indiquent une relation malsaine avec nos propres émotions et nos interactions avec les autres. Voici quelques-uns de ces signes à prendre en compte :

> **Besoin constant d'approbation** : Les personnes dépendantes affectives ont souvent un besoin insatiable d'approbation et de validation des autres. Elles recherchent en permanence des signes d'amour et d'attention pour se sentir valorisées et approuvées. Cela peut se traduire par des comportements excessifs de recherche d'attention, de complaisance ou de flatterie envers les autres.
>
> **Peur intense de l'abandon** : La peur de l'abandon est un signe courant de la dépendance affective. Les personnes concernées ont une crainte profonde d'être laissées seules ou rejetées par leurs proches. Elles peuvent agir de manière possessive, jalouse ou

étouffante dans leurs relations, cherchant à tout prix à éviter l'abandon.

Incapacité à être seul(e) : Les personnes dépendantes affectives ont souvent du mal à être seules. Elles ressentent une forte anxiété ou un malaise lorsqu'elles sont sans compagnie, et elles ont constamment besoin de la présence d'une autre personne pour se sentir en sécurité émotionnelle. Elles peuvent avoir du mal à s'occuper d'elles-mêmes et à trouver du plaisir dans des activités solitaires.

Cette incapacité à rester seul(e) découle souvent d'une peur profonde de l'abandon et de l'isolement. Les personnes dépendantes affectives ont souvent vécu des expériences passées où elles ont été abandonnées, négligées ou rejetées, ce qui a laissé des cicatrices émotionnelles profondes. Ainsi, elles associent la solitude à la douleur et à l'insécurité, ce qui renforce leur besoin compulsif de chercher la présence des autres.

Lorsqu'elles se retrouvent seules, ces personnes sont confrontées à leurs propres émotions, à leurs pensées négatives et à leurs peurs non résolues. La solitude devient un miroir qui amplifie leurs craintes d'être incomplètes, inadéquates ou indésirables. Elles redoutent de faire face à leurs propres démons intérieurs et préfèrent s'engager dans des relations malsaines plutôt que de s'affronter seules.

Cependant, il est essentiel de souligner que la solitude peut être une opportunité de croissance et d'autonomisation. En apprenant à rester seul(e) de manière consciente et bienveillante, les personnes dépendantes affectives peuvent entreprendre un voyage d'auto-découverte et de guérison émotionnelle. Cela implique de se confronter à leurs peurs, de se questionner sur leurs croyances limitantes et de s'engager dans des pratiques ou l'on prend soin de soi et de développement personnel.

La thérapie peut jouer un rôle crucial dans ce processus. Elle offre un espace sécurisé pour explorer les origines de la dépendance affective, comprendre les schémas de pensée et de comportement qui la maintiennent, et développer des stratégies pour se sentir à l'aise dans la solitude. Les thérapeutes peuvent guider les personnes dépendantes affectives vers une plus grande autonomie émotionnelle en les aidant à renforcer leur estime de soi, à cultiver des activités enrichissantes en solitaire et à se reconnecter avec leurs propres besoins et désirs.

> **Sacrifice de ses propres besoins** : Les personnes dépendantes affectives ont tendance à mettre les besoins des autres avant les leurs. Elles peuvent se sacrifier excessivement pour maintenir une relation, en négligeant leurs propres besoins et désirs. Elles ont du mal à établir des limites saines et à exprimer leurs propres opinions par peur de perdre l'amour ou l'approbation de l'autre.

Les personnes dépendantes affectives peuvent avoir du mal à établir des limites claires et à exprimer leurs propres besoins et désirs. Elles craignent que l'affirmation de soi ou la défense de leurs intérêts ne mette en péril la relation. Elles se retrouvent donc piégées dans un schéma où elles se sacrifient constamment pour maintenir l'harmonie et la stabilité dans la relation, même si cela se fait au détriment de leur propre bien-être.

Ce comportement de sacrifice est souvent alimenté par un sentiment profond d'insécurité et de peur de l'abandon. Les personnes dépendantes affectives ont besoin de se sentir indispensables pour maintenir une certaine stabilité émotionnelle. Elles croient souvent que leur valeur réside dans leur capacité à prendre soin des autres et à répondre à leurs besoins, ce qui les pousse à négliger les leurs.

Cependant, sacrifier constamment ses propres besoins et désirs peut conduire à une détérioration de l'estime de soi, à un épuisement émotionnel et à une diminution du sentiment de satisfaction personnelle. À long terme, cela peut engendrer un sentiment de frustration, de ressentiment et de déséquilibre dans la relation.

Il est important pour les personnes dépendantes affectives d'apprendre à établir des limites saines et à exprimer leurs besoins de manière assertive. Cela implique de prendre conscience de ses propres besoins, d'apprendre à les reconnaître et à les valoriser. Il est également essentiel de se donner la permission de prendre soin de soi-même et de prioriser son bien-être émotionnel.

La thérapie peut être un outil précieux dans ce processus de prise de conscience et de changement. Elle offre un espace sûr pour explorer les schémas de comportement et les croyances sous-jacentes qui conduisent au sacrifice de soi. Les thérapeutes peuvent aider les personnes dépendantes affectives à renforcer leur estime de soi, à développer des compétences en matière de communication et de résolution de conflits, et à apprendre à établir des limites saines dans leurs relations.

En apprenant à respecter et à répondre à leurs propres besoins, les personnes dépendantes affectives peuvent trouver un équilibre plus sain entre leurs propres aspirations et les besoins des autres. Elles découvriront que s'occuper d'elles-mêmes ne signifie pas nécessairement sacrifier la relation, mais plutôt construire des fondations solides basées sur le respect mutuel et l'équilibre des intérêts individuels. Cela favorisera une plus grande autonomie émotionnelle et contribuera à des relations plus épanouissantes et équilibrées.

Recherche constante de relations : Les personnes dépendantes affectives ont souvent une dépendance émotionnelle aux relations. Elles passent d'une relation à l'autre sans prendre le temps de se guérir et de se comprendre elles-mêmes. Elles peuvent également tolérer des comportements toxiques ou abusifs par peur d'être seules.

Les personnes dépendantes affectives peuvent craindre la solitude et de l'abandon, ce qui les pousse à chercher constamment une nouvelle relation dès que la précédente prend fin. Elles peuvent ressentir un vide émotionnel lorsqu'elles sont seules et utiliser les relations comme un moyen de combler ce vide. Cependant, cette dépendance émotionnelle peut les empêcher de développer une relation saine avec elles-mêmes et de comprendre leurs propres besoins et désirs.

Une autre facette de cette problématique est que les personnes dépendantes affectives peuvent tolérer des comportements toxiques ou abusifs dans leurs relations par peur d'être seules. Elles peuvent se retrouver dans des relations déséquilibrées où elles sont manipulées, maltraitées ou négligées, mais elles restent attachées à la relation par crainte de se retrouver seules. Cette tolérance aux comportements nuisibles peut avoir un impact négatif sur leur estime de soi et leur bien-être émotionnel.

Il est essentiel pour les personnes dépendantes affectives de prendre du recul et de se donner le temps de guérir et de se comprendre avant de se lancer dans une nouvelle relation. Cela implique de travailler sur leur confiance en elles, d'apprendre à se connaître et à se respecter. La thérapie peut jouer un rôle crucial dans ce processus en offrant un espace sécurisé pour explorer les schémas de comportement, les croyances sous-jacentes et les peurs qui alimentent cette dépendance émotionnelle.

Les thérapeutes peuvent aider les personnes dépendantes affectives à développer une relation plus saine avec elles-mêmes, à renforcer leur estime de soi et à identifier leurs besoins et leurs désirs authentiques. Ils peuvent également les guider pour établir des limites saines dans leurs relations, reconnaître les signes de comportements toxiques et abusifs, et développer des compétences en matière de communication et de prise de décision éclairée.

En se concentrant sur leur propre guérison et leur développement personnel, les personnes dépendantes affectives peuvent progressivement se détacher de cette recherche constante de relations et se sentir plus autonomes et épanouies. Elles apprendront à cultiver une relation saine avec elles-mêmes, à s'aimer et à se respecter, ce qui les aidera à construire des relations plus équilibrées et épanouissantes à long terme.

> **Estime de soi dépendante des autres** : Les personnes dépendantes affectives ont une estime de soi fragile qui dépend fortement de l'opinion des autres. Elles cherchent à se sentir valorisées et aimées par les autres pour se sentir bien dans leur peau. Elles ont du mal à se valoriser indépendamment de l'approbation extérieure.

L'estime de soi dépendante des autres est une caractéristique clé chez les personnes souffrant de dépendance affective. Elles ont une tendance à se baser principalement sur l'opinion des autres pour se sentir valorisées et aimées. Leur estime de soi est fragile et vulnérable, car elle est étroitement liée à l'approbation et à l'amour des autres.

Les personnes dépendantes affectives ont besoin de validation et de reconnaissance constantes de la part des autres pour se sentir bien dans leur peau. Elles cherchent à plaire et à se conformer aux attentes des autres, dans l'espoir d'être acceptées et aimées en retour. L'opinion des autres devient leur principal moteur d'estime de soi, et elles ont du mal à se valoriser indépendamment de cette validation externe.

Cette dépendance à l'approbation extérieure peut engendrer de nombreux défis dans la vie quotidienne des personnes dépendantes affectives. Elles peuvent s'efforcer de toujours être parfaites, de tout faire pour éviter les conflits et de se sacrifier pour satisfaire les besoins des autres. Elles peuvent également être hypersensibles aux critiques et se sentir profondément blessées par le moindre rejet ou désapprobation.

Cette dépendance à l'approbation extérieure peut être source de souffrance. Elle rend les personnes vulnérables aux fluctuations des opinions des autres, ce qui peut entraîner une instabilité émotionnelle et une insatisfaction chronique. Elles peuvent se sentir anxieuses et incertaines d'elles-mêmes, car leur estime de soi dépend des réactions et des jugements des autres.

Il est important pour les personnes dépendantes affectives de travailler sur leur estime de soi indépendamment de l'opinion des autres. Cela implique de se reconnecter avec leurs propres valeurs, besoins et désirs, et d'apprendre à se valoriser pour qui elles sont réellement. La thérapie peut jouer un rôle essentiel dans ce processus, en offrant un espace sûr pour explorer les schémas de pensée limitants, les blessures émotionnelles passées et les mécanismes de dépendance affective.

Reconnaître ces signes révélateurs est un premier pas crucial pour sortir de la dépendance affective. Cela nous permet d'identifier nos schémas de comportement nocifs et de travailler sur notre développement personnel. Dans les prochains chapitres, nous aborderons des techniques et des stratégies pour briser ces schémas, renforcer notre estime de soi et construire des relations saines et équilibrées basées sur l'amour de soi et l'autonomie émotionnelle.

Chapitre 3 :
Cultiver l'amour de soi

Dans ce chapitre, nous explorons différentes façons de cultiver l'amour de soi pour briser les schémas de dépendance affective. Cela inclut la prise de conscience de nos pensées et croyances négatives, la pratique de l'autosoin physique et émotionnel, l'établissement de limites saines dans nos relations, et le développement d'une vision positive de l'avenir. En cultivant l'amour de soi, nous renforçons notre estime personnelle, notre confiance en nous-mêmes, et nous nous libérons des schémas de dépendance pour des relations plus épanouissantes et équilibrées.

3.1 Développer une relation saine avec soi-même

Au cœur de la guérison de la dépendance affective se trouve le développement d'une relation saine et nourrissante avec soi-même. Cela implique de se reconnecter à notre être intérieur, d'explorer nos besoins, nos valeurs et nos désirs authentiques. Pour développer cette relation, nous pouvons adopter plusieurs approches :

Tout d'abord, il est essentiel de pratiquer sa propre observation et la conscience de soi. Cela signifie être attentif à nos pensées, nos émotions et nos comportements. En prenant du recul et en observant nos réactions face aux différentes situations de la vie, nous pouvons commencer à comprendre nos schémas automatiques et les émotions qui les sous-tendent.

Ensuite, il est important de pratiquer l'auto-compassion. Plutôt que de nous juger sévèrement lorsque nous commettons des erreurs ou que nous rencontrons des difficultés, nous pouvons nous traiter avec gentillesse et compréhension. Nous reconnaissons que nous sommes des êtres humains imparfaits et que nous méritons notre propre amour et notre propre bienveillance.

Un autre aspect clé est d'apprendre à s'écouter et à honorer nos propres besoins. Cela implique d'identifier ce qui nous fait du bien, ce qui nous épanouit et de prendre des mesures concrètes pour répondre à ces besoins. Que ce soit prendre du temps pour se reposer, se nourrir de manière saine, pratiquer des activités qui nous plaisent où établir des limites dans nos relations, il est important de prioriser notre bien-être émotionnel et physique.

De plus, développer une relation saine avec soi-même demande de cultiver la confiance en soi. Cela implique de croire en nos propres capacités, de reconnaître nos forces et de nous soutenir dans nos objectifs et nos aspirations. Nous pouvons renforcer notre confiance en nous en prenant des risques calculés, en relevant des défis et en célébrant nos réussites, aussi petites soient-elles.

Enfin, il est important de cultiver l'authenticité dans notre relation avec nous-mêmes. Cela signifie être fidèle à nos propres valeurs, à nos aspirations et à nos vérités intérieures. En nous permettant d'être authentique, nous créons un espace intérieur où nous pouvons nous accepter pleinement et exprimer qui nous sommes réellement.

En développant une relation saine avec nous-mêmes, nous nous donnons les fondations solides pour des relations saines avec les autres. Cela nous permet de nous affranchir de la dépendance affective et de cultiver des relations basées sur l'équilibre, le respect mutuel et l'amour véritable. Dans les prochains chapitres, nous explorerons des outils et des pratiques pour continuer à développer cette relation profonde et nourrissante avec nous-mêmes.

3.2 Pratiquer l'auto-compassion et l'acceptation de soi

Pratiquer l'auto-compassion et l'acceptation de soi est une étape essentielle pour cultiver une relation saine avec soi-même. Cela implique de se traiter avec bienveillance, de reconnaître sa valeur intrinsèque et d'accepter ses imperfections.

L'auto-compassion consiste à se parler à soi-même avec gentillesse et compréhension, surtout dans les moments difficiles. Au lieu de se critiquer sévèrement ou de s'en vouloir pour des erreurs passées, il s'agit de se rappeler que nous sommes tous humains et que les imperfections font partie de notre parcours. Par exemple, imaginez que vous avez commis une erreur au travail qui vous a causé du stress et de la frustration. Au lieu de vous blâmer et de vous dévaloriser, pratiquez l'auto-compassion en vous disant : "Je suis humain et je fais des erreurs. Je vais apprendre de cette expérience et grandir en tant que personne." Cette approche bienveillante vous permet de développer une attitude de soutien envers vous-même, ce qui renforce votre estime de soi et votre confiance en vos capacités.

L'acceptation de soi est une autre facette importante de la pratique de l'auto-compassion. Cela signifie reconnaître et embrasser toutes les parties de vous-même, y compris les aspects que vous pourriez considérer comme des défauts ou des faiblesses. Par exemple, si vous avez tendance à être perfectionniste et à vous mettre la pression pour atteindre des standards élevés, vous pouvez vous exercer à vous accepter tel que vous êtes, avec vos forces et vos limites. Au lieu de vous juger pour ne pas être parfait, vous pouvez vous dire : "Je suis suffisant(e) tel que je suis. J'accepte mes imperfections et je me concentre sur mes progrès plutôt que sur la perfection." Cette acceptation de soi favorise une relation plus douce et bienveillante envers vous-même, ce qui vous libère des exigences irréalistes et vous permet d'apprécier votre unicité.

En pratiquant l'auto-compassion et l'acceptation de soi, vous développez une relation profonde et aimante avec vous-même. Cela vous permet de vous soutenir dans les moments difficiles, de vous accepter pleinement et de vous encourager à vous développer et à vous épanouir. En intégrant ces pratiques dans votre quotidien, vous renforcez votre estime de soi, votre confiance en vous-même et votre capacité à entretenir des relations saines et équilibrées.

3.3 Dépasser les croyances limitantes sur sa propre valeur

Pour cultiver une relation saine avec soi-même, il est crucial de reconnaître et de dépasser les croyances limitantes sur sa propre valeur. Ces croyances négatives peuvent souvent être profondément enracinées et avoir un impact significatif sur notre estime de soi et notre bien-être émotionnel. Voici quelques stratégies pour vous aider à surmonter ces croyances limitantes :

> **Identifiez les croyances limitantes** : Prenez le temps d'observer les pensées négatives et vos propres dépréciations vis-à-vis de vous-même qui surgissent régulièrement. Par exemple, vous pourriez avoir tendance à vous dire que vous n'êtes pas assez intelligent(e), assez digne d'amour, ou que vous ne méritez pas le bonheur. Prenez conscience de ces croyances et notez-les pour mieux les comprendre.
>
> **Remettez en question ces croyances** : Examinez attentivement les preuves qui soutiennent ces croyances limitantes. Demandez-vous s'il y a des faits concrets pour étayer ces pensées négatives. Souvent, vous réaliserez qu'il n'y a pas de preuves solides pour justifier ces croyances dévalorisantes. Remettez en

question leur validité et cherchez des preuves contraires pour les contredire.

Les croyances limitantes sont souvent ancrées dans notre esprit et peuvent exercer une influence négative sur notre perception de nous-mêmes et de nos capacités. Elles sont comme des filtres à travers lesquels nous interprétons le monde, et elles peuvent entraver notre croissance personnelle et notre épanouissement.

Une manière puissante de remettre en question ces croyances limitantes est de développer une attitude de pensée positive et constructive. Cela implique de prendre conscience de nos pensées automatiques et de les remplacer par des affirmations positives et réalistes.

Lorsque nous sommes confrontés à une croyance limitante, nous pouvons nous demander : "Est-ce que cette pensée est bénéfique pour moi ? Est-ce qu'elle me soutient dans mes objectifs et mes aspirations ?" Si la réponse est non, il est temps de la remettre en question.

Nous pouvons commencer par observer nos pensées et identifier les schémas récurrents de pensée négative ou dévalorisante. Ensuite, nous pouvons chercher des preuves qui contredisent ces pensées, en nous rappelant nos réussites passées, nos qualités et nos forces.

Une autre approche efficace consiste à pratiquer l'affirmation positive. Cela signifie formuler des déclarations positives sur nous-mêmes et les répéter régulièrement pour renforcer notre estime de soi et notre confiance en nos capacités.

Par exemple, si nous avons la croyance limitante "Je ne suis pas assez intelligent(e) pour réussir", nous pouvons la remplacer par une affirmation positive telle que "J'ai les compétences et les capacités nécessaires pour réussir, et je suis prêt(e) à apprendre et à grandir."

Le travail sur nos pensées et nos croyances demande du temps et de la pratique. C'est un processus continu qui nécessite de l'engagement et de la persévérance. Mais en cultivant des pensées positives et constructives, nous pouvons progressivement remettre en question les croyances limitantes et nous ouvrir à de nouvelles possibilités.

En fin de compte, notre perception de nous-mêmes et du monde qui nous entoure est profondément influencée par nos pensées. En choisissant consciemment de cultiver des pensées positives et constructives, nous pouvons créer un état d'esprit propice à la croissance, à la confiance en soi et à l'épanouissement personnel.

Il est essentiel de remettre en question nos croyances limitantes afin de libérer notre potentiel et de développer une estime de soi plus saine. Nous pouvons souvent adopter ces croyances automatiquement, sans même remettre en question leur validité. Pourtant, en examinant de près les preuves qui les soutiennent, nous pouvons découvrir qu'elles ne reposent pas sur des faits concrets.

Prenez le temps d'examiner attentivement les preuves qui soutiennent vos croyances limitantes. Demandez-vous quelles sont les expériences, les situations ou les interactions qui ont contribué à ces croyances. Prenez conscience des émotions et des pensées qui y sont associées. Cela vous permettra de mieux comprendre l'origine de ces croyances et de voir si elles sont réellement fondées.

Lors de cette réflexion, vous réaliserez peut-être que les preuves qui soutiennent ces croyances sont basées sur des interprétations erronées, des généralisations excessives ou des expériences isolées. Parfois, nous avons tendance à amplifier les aspects négatifs et à minimiser les aspects positifs de nos expériences, ce qui renforce nos croyances limitantes.

Ce processus de remise en question de nos croyances demande de la réflexion et de l'ouverture d'esprit. Soyez prêt(e) à remettre en question vos certitudes et à considérer d'autres points de vue. N'hésitez pas à demander l'aide d'un thérapeute ou d'un coach pour vous soutenir dans ce processus et vous aider à identifier et à transformer vos croyances limitantes.

En remettant en question ces croyances, vous ouvrez la porte à de nouvelles possibilités et à une plus grande confiance en vous-même. Vous vous libérez des limitations auto-imposées et vous créez un espace pour la croissance personnelle et l'épanouissement.

Identifiez les origines des croyances limitantes : Essayez de comprendre d'où viennent ces croyances négatives. Parfois, elles peuvent être le résultat d'expériences passées, de messages subconscients reçus dans l'enfance, ou de comparaisons constantes avec autrui. En identifiant les sources de ces croyances, vous pourrez mieux les démystifier et les libérer.

Cultivez des pensées positives et réalistes : Remplacez les croyances limitantes par des affirmations positives et réalistes sur vous-même. Par exemple, au lieu de vous dire que vous n'êtes pas assez compétent(e) pour accomplir une tâche, répétez-vous que vous êtes capable d'apprendre et de vous améliorer. En pratiquant régulièrement des affirmations positives, vous renforcerez votre estime de soi et vous vous conditionnerez à croire en votre valeur intrinsèque.

Nos pensées ont un impact significatif sur notre perception de nous-mêmes et sur notre comportement. Par conséquent, il est essentiel de cultiver des pensées positives et réalistes afin de renforcer notre estime de soi et de promouvoir notre bien-être émotionnel.

Remplacez les croyances limitantes par des affirmations positives et réalistes sur vous-même. Plutôt que de vous dire que vous êtes incompétent(e) ou indigne, répétez-vous des affirmations telles que "Je suis capable d'apprendre et de m'améliorer" ou "Je suis digne d'amour et de bonheur". Ces affirmations positives vous aident à reconstruire une image de vous-même basée sur la confiance et l'estime de soi.

Il est important que ces affirmations soient réalistes. Au lieu de vous exiger une perfection absolue, reconnaissez vos forces, vos talents et vos capacités uniques. Identifiez vos accomplissements passés et souvenez-vous de vos succès, aussi petits soient-ils. En vous concentrant sur les aspects positifs de vous-même, vous renforcez votre estime de soi et votre confiance en vos capacités.

La pratique régulière des affirmations positives est essentielle. Répétez ces affirmations chaque jour, de préférence devant un miroir, pour vous imprégner de leur impact positif. Cela vous aidera à conditionner votre esprit à croire en votre valeur intrinsèque et à cultiver une attitude positive envers vous-même.

En parallèle, il est important d'adopter une attitude réaliste envers vous-même. Cela signifie reconnaître à la fois vos qualités et vos limites. Soyez conscient(e) de vos compétences et de vos talents, tout en acceptant que vous ayez des zones où vous pouvez vous améliorer. L'objectif n'est pas la perfection, mais le progrès et le développement personnel.

En cultivant des pensées positives et réalistes, vous transformez votre dialogue intérieur et vous renforcez votre estime de soi. Vous vous conditionnez à croire en votre valeur et en votre capacité à surmonter les défis. Cette pratique soutient votre cheminement vers une autonomie émotionnelle et une relation saine avec vous-même et les autres.

N'oubliez pas que la transformation des pensées négatives en pensées positives est un processus progressif. Soyez patient(e) avec vous-même et persévérez dans cette pratique. Avec le temps, vous verrez une amélioration significative dans votre estime de soi et votre bien-être émotionnel.

> **Cherchez le soutien d'autres personnes** : N'hésitez pas à vous entourer de personnes bienveillantes et encourageantes. Partagez vos doutes et vos croyances limitantes avec des amis proches, un thérapeute ou un coach. Leur soutien et leurs perspectives positives peuvent vous aider à remettre en question vos croyances et à renforcer votre estime de soi.

Dans votre parcours de guérison et de croissance personnelle, il est essentiel de ne pas vous isoler. Chercher le soutien d'autres personnes bienveillantes et encourageantes peuvent vous apporter un soutien inestimable dans votre cheminement vers la libération de la dépendance affective.

Partager vos doutes, vos peurs et vos croyances limitantes avec des amis proches, un thérapeute ou un coach spécialisé peut être une source de réconfort et de soutien précieux. Ces personnes seront à votre écoute, sans jugement, et pourront vous offrir des perspectives nouvelles et positives.

En exprimant ce que vous ressentez et en partageant vos pensées, vous vous libérez du fardeau émotionnel qui peut accompagner la dépendance affective. Le simple fait de mettre des mots sur vos émotions peut vous aider à prendre du recul et à prendre conscience de vos schémas de pensée.

Le soutien des autres vous permet également de remettre en question vos croyances limitantes. En entendant les perspectives et les expériences d'autrui, vous pouvez réaliser que certaines de vos croyances sont basées sur des interprétations erronées ou des expériences passées. Ce nouvel éclairage peut vous aider à développer une estime de soi plus solide et à adopter des pensées plus positives et constructives.

N'hésitez pas à vous tourner vers des professionnels tels que des thérapeutes ou des coaches spécialisés dans les problématiques de dépendance affective. Leur expertise et leur expérience leur permettent d'apporter un soutien spécifique et des outils adaptés à votre situation. Ils peuvent vous guider dans votre processus de guérison et vous fournir des stratégies pour renforcer votre estime de soi, développer des relations saines et atteindre votre autonomie émotionnelle.

Rappelez-vous que demander de l'aide n'est pas un signe de faiblesse, mais plutôt une preuve de courage et de désir de changement. En vous entourant de personnes bienveillantes et en cherchant leur soutien, vous construisez un réseau de soutien solide et vous vous donnez les meilleures chances d'atteindre vos objectifs de bien-être émotionnel.

N'oubliez pas que vous n'êtes pas seul(e) dans votre parcours. Il y a des personnes prêtes à vous accompagner, à vous écouter et à vous soutenir. Ouvrez-vous à cette possibilité et laissez le soutien des autres illuminer votre chemin vers une vie épanouie et libre de la dépendance affective.

> **Pratiquez la sympathie envers vous-même (vous êtes votre meilleur(e) ami (e)** : Soyez doux(ce) avec vous-même lorsque vous vous confrontez à ces croyances limitantes. Traitez-vous avec la même bienveillance que vous le feriez envers un ami cher qui aurait des pensées négatives sur lui-même. Pratiquez l'autocompassion en vous rappelant que vous êtes humain(e), que tout le monde commet des erreurs et que vous méritez l'amour et l'acceptation, y compris de vous-même.

Au cœur de votre cheminement vers une vie épanouie et libérée de la dépendance affective se trouve un élément puissant : la sympathie envers vous-même. Vous êtes votre meilleur(e) ami(e), celui ou celle qui peut vous soutenir inconditionnellement et vous encourager à traverser les moments les plus difficiles.

Imaginez-vous face à un ami cher qui se dévalorise et se critique sans relâche. Comment réagiriez-vous ? Probablement avec compassion, empathie et gentillesse, en lui rappelant qu'il est humain et qu'il mérite l'amour et l'acceptation. Alors, pourquoi ne pas appliquer la même bienveillance envers vous-même ?

Lorsque vous êtes confronté(e) à vos croyances limitantes, choisissez la voie de l'autocompassion. Soyez doux(ce) avec vous-même et remplacez les pensées autodestructrices par des pensées encourageantes et bienveillantes. Ressentez la chaleur de votre propre amour et acceptation, car vous méritez d'être aimé(e) pour qui vous êtes, avec toutes vos imperfections.

N'oubliez pas que l'autocompassion ne se limite pas à de simples paroles réconfortantes. C'est un engagement envers vous-même, un choix conscient de vous accorder du temps et de l'attention. Prenez soin de vous en explorant vos passions, en vous lançant dans de nouvelles expériences et en élargissant vos horizons. C'est en nourrissant votre propre épanouissement que vous renforcez votre autonomie émotionnelle.

La pratique de l'autocompassion vous permet de vous affranchir des schémas de dépendance affective. Vous reconnaissez que vous êtes un être humain avec des besoins et des désirs légitimes, et vous vous autorisez à les exprimer. En faisant preuve de sympathie envers vous-même, vous créez un espace intérieur propice à la guérison, à la croissance et à la transformation.

Ainsi, je vous invite à devenir votre propre allié(e) dans votre parcours vers l'autonomie émotionnelle. Soyez votre meilleur(e) ami(e) et pratiquez la sympathie envers vous-même chaque jour. Vous découvrirez que l'amour, la confiance et la liberté véritables proviennent de cette relation précieuse que vous entretenez avec vous-même.

En dépassant les croyances limitantes sur votre propre valeur, vous ouvrez la porte à une estime de soi renouvelée et à une relation plus authentique avec vous-même. Vous réalisez que votre valeur ne dépend pas des opinions ou des jugements des autres, mais qu'elle réside intrinsèquement en vous. En développant une vision plus positive et réaliste de vous-même, vous vous libérez des chaînes des croyances limitantes et vous permettez à votre lumière intérieure de briller. Vous méritez d'être aimé(e) et respecté(e), et en cultivant cette conviction profonde, vous pouvez ouvrir la voie à une vie épanouissante et équilibrée.

Chapitre 4 :
Établir des relations saines et équilibrées

Dans ce chapitre, nous abordons l'importance d'établir des limites saines, d'écouter activement et de faire preuve d'empathie dans nos relations. Nous apprenons à éviter les dynamiques de dépendance émotionnelle et à cultiver l'équilibre émotionnel. De plus, nous explorons les éléments clés d'une relation saine, tels que le respect mutuel, la confiance et la communication ouverte. Enfin, nous découvrons comment reconnaître les signes de relations toxiques et prendre des décisions éclairées pour notre bien-être émotionnel. Ce chapitre nous guide vers la construction de relations épanouissantes, nourrissantes et équilibrées.

4.1 Les éléments clés des relations saines

Les relations saines reposent sur plusieurs éléments clés qui contribuent à leur épanouissement et à leur équilibre. Comprendre ces éléments nous permet de cultiver des liens plus harmonieux et gratifiants. Voici les principaux éléments à prendre en compte :

> **Le respect mutuel** : Le respect mutuel est la base d'une relation saine. Cela signifie reconnaître et valoriser les droits, les opinions et les besoins de l'autre personne. En accordant du respect, nous établissons une atmosphère de confiance et de considération, favorisant ainsi une interaction équilibrée.

Dans le contexte de la dépendance affective, le respect mutuel revêt une importance particulière. Les personnes ayant des schémas de dépendance peuvent être plus enclines à accepter des comportements irrespectueux, voire abusifs, de la part de leur partenaire, par peur de l'abandon ou par croyance que c'est le prix à payer pour garder la relation. Elles peuvent également avoir du mal à exprimer leurs propres besoins et limites, par crainte de perdre l'amour ou l'approbation de l'autre.

Le respect mutuel dans une relation implique d'écouter activement l'autre, de reconnaître ses émotions et ses expériences, et d'agir de manière respectueuse en conséquence. Il s'agit de faire preuve d'empathie, de compassion et de considération envers la personne avec qui nous interagissons. Cela suppose également de respecter nos propres besoins et limites, et de les communiquer de manière assertive et respectueuse.

Le respect mutuel est un ingrédient essentiel pour construire des relations saines et équilibrées. Il crée un environnement où chaque personne se sent écoutée, valorisée et en sécurité émotionnelle. Lorsque le respect mutuel est présent, il est plus facile de maintenir une relation basée sur l'égalité, le soutien mutuel et le développement individuel.

Pour les personnes en proie à la dépendance affective, le respect mutuel peut représenter un défi. Elles peuvent avoir besoin de travailler sur l'estime de soi, la confiance en elles et la capacité à établir des limites saines. La thérapie peut être un espace propice pour explorer ces aspects et apprendre à établir des relations basées sur le respect mutuel.

En somme, le respect mutuel est un pilier essentiel dans la construction de relations saines. Dans le contexte de la dépendance affective, il revêt une importance particulière pour permettre aux personnes de se libérer des schémas de dépendance et d'établir des relations équilibrées, respectueuses et épanouissantes. En accordant du respect à nous-mêmes et aux autres, nous favorisons une dynamique relationnelle plus harmonieuse et épanouissante.

> **La communication ouverte** : La communication est essentielle pour entretenir des relations saines. Cela implique d'exprimer clairement ses sentiments, ses besoins et ses attentes, tout en étant ouvert à l'écoute et à la compréhension des autres. La communication ouverte favorise la résolution de conflits, renforce la connexion émotionnelle et encourage une compréhension mutuelle.

Dans le contexte de la dépendance affective, la communication ouverte revêt une importance capitale. Les personnes ayant des schémas de dépendance peuvent avoir tendance à éviter les confrontations, à taire leurs besoins ou à dissimuler leurs émotions par peur de perturber la relation ou de provoquer l'abandon. Cette difficulté à communiquer ouvertement peut entraîner un sentiment d'incompréhension, de frustration et de ressentiment dans la relation.

La communication ouverte implique d'apprendre à exprimer nos sentiments de manière authentique, à poser des limites claires et à demander ce dont nous avons besoin. Cela requiert également d'être à l'écoute active de l'autre personne, de lui accorder une attention sincère et de chercher à comprendre ses sentiments et ses perspectives. La communication ouverte permet de créer un espace où les deux parties peuvent partager leurs pensées, leurs préoccupations et leurs désirs de manière respectueuse.

La communication ouverte favorise également la résolution de conflits de manière constructive. Elle encourage l'expression des désaccords, des frustrations et des malentendus, tout en favorisant la recherche de solutions mutuellement bénéfiques. Une communication ouverte permet aux individus d'exprimer leurs émotions sans jugement, d'écouter activement l'autre et de trouver des compromis qui prennent en compte les besoins de chacun.

Pour les personnes en dépendance affective, la communication ouverte peut représenter un défi, car elles peuvent craindre d'être rejetées ou de provoquer des ruptures dans la relation. La thérapie peut jouer un rôle crucial en offrant un espace sécurisé pour explorer ces craintes, apprendre des compétences de communication saines et développer la confiance nécessaire pour s'exprimer authentiquement.

La communication ouverte est essentielle pour entretenir des relations saines et épanouissantes. Dans le contexte de la dépendance affective, elle permet de construire une relation basée sur l'authenticité, la compréhension mutuelle et le respect des besoins individuels. La pratique de la communication ouverte favorise la croissance personnelle, la résolution de conflits et la création de liens émotionnels profonds et durables.

> **La confiance** : La confiance est un pilier fondamental des relations saines. Elle repose sur la fiabilité, l'honnêteté et la transparence. En construisant une confiance mutuelle, nous nous sentons en sécurité pour partager nos pensées, nos émotions et nos vulnérabilités, créant ainsi des liens profonds et durables.

Dans le contexte de la dépendance affective, la confiance joue un rôle crucial. Les personnes ayant des schémas de dépendance peuvent éprouver des difficultés à faire confiance aux autres en raison de leurs expériences passées de déception, de trahison ou d'abandon. La méfiance peut s'installer, entraînant des comportements de contrôle, de jalousie et de possessivité dans les relations.

La construction de la confiance nécessite du temps, de l'engagement et une communication ouverte. Elle implique d'être fiable dans nos paroles et nos actions, de tenir nos promesses et d'être honnête même lorsque cela est difficile. Être transparent sur nos intentions, nos limites et nos attentes permet de créer un environnement de confiance où les deux parties se sentent en sécurité pour être authentiques.

La confiance mutuelle permet de partager nos pensées et nos émotions de manière libre et ouverte. Cela signifie être capable de se montrer vulnérable, de partager nos peurs, nos doutes et nos besoins sans craindre d'être jugé ou rejeté. Lorsque nous avons confiance en l'autre personne, nous pouvons nous ouvrir davantage, renforcer notre connexion émotionnelle et favoriser une compréhension profonde.

La confiance favorise également la croissance individuelle et relationnelle. Lorsque nous savons que nous pouvons compter sur l'autre personne pour nous soutenir, nous prenons des risques émotionnels et nous nous épanouissons. La confiance nous donne le courage d'explorer de nouveaux territoires, de développer notre estime de soi et de réaliser notre plein potentiel.

Pour les personnes en dépendance affective, la construction de la confiance peut être un défi. Les expériences passées de trahison ou d'abandon peuvent engendrer une méfiance profonde envers les autres. La thérapie peut jouer un rôle important en aidant à comprendre les origines de cette méfiance et en fournissant des outils pour développer la confiance de manière progressive et sécurisée.

La confiance est essentielle pour établir des relations saines et épanouissantes. Dans le contexte de la dépendance affective, elle permet de surmonter les peurs et les méfiances, de favoriser une communication authentique et d'encourager la croissance personnelle et relationnelle. La construction de la confiance demande du temps, de la patience et de l'engagement, mais elle est essentielle pour établir des liens durables basés sur la sécurité, l'honnêteté et la compréhension mutuelle.

L'équilibre émotionnel : Dans une relation saine, il est essentiel de maintenir un équilibre émotionnel. Cela signifie que les deux parties contribuent de manière égale à la relation, en offrant un soutien mutuel et en respectant les besoins émotionnels de chacun. L'équilibre émotionnel évite les déséquilibres de pouvoir et préserve l'indépendance émotionnelle de chaque individu.

Lorsque nous sommes en dépendance affective, il peut être difficile de maintenir cet équilibre émotionnel. Les personnes en dépendance ont tendance à accorder une importance excessive aux besoins et aux émotions de leur partenaire, au détriment des leurs. Elles peuvent se sentir responsables du bonheur et de la satisfaction de l'autre personne, négligeant ainsi leurs propres besoins et émotions.

L'équilibre émotionnel consiste à reconnaître et à respecter nos propres besoins et limites, tout en étant attentif aux besoins de notre partenaire. Il s'agit de trouver un juste milieu entre donner et recevoir, entre offrir du soutien et en demander. L'équilibre émotionnel implique d'exprimer nos émotions de manière saine et assertive, sans les réprimer ni les exagérer.

Dans une relation équilibrée, les deux personnes sont responsables de leur propre bien-être émotionnel. Elles se soutiennent mutuellement sans s'oublier elles-mêmes. Cela signifie que chacun est conscient de ses propres limites et capacités, et qu'il ne repose pas uniquement sur l'autre pour combler ses besoins émotionnels.

L'équilibre émotionnel préserve également l'indépendance émotionnelle de chaque individu. Chacun a le droit de ressentir et d'exprimer ses émotions de manière autonome, sans se laisser influencer de manière excessive par l'autre. Cela favorise le développement d'une identité individuelle solide et d'une estime de soi saine.

La recherche de l'équilibre émotionnel nécessite une prise de conscience de nos propres besoins, de nos émotions et de nos limites. Cela peut être facilité par le développement de compétences en matière de gestion des émotions et de communication assertive. La thérapie peut également être un outil précieux pour explorer les schémas de dépendance et pour apprendre à établir des limites saines tout en maintenant une connexion émotionnelle avec notre partenaire.

Maintenir un équilibre émotionnel est essentiel pour des relations saines et épanouissantes. Cela implique de respecter les besoins émotionnels de chaque individu, de préserver son indépendance émotionnelle et de trouver un juste équilibre entre donner et recevoir. La recherche de cet équilibre demande une prise de conscience et un travail sur soi, mais elle permet de construire des relations basées sur le respect mutuel et l'épanouissement individuel.

> **La résolution de conflits constructive** : Les conflits font partie intégrante des relations, mais leur gestion est essentielle pour maintenir une relation saine. Apprendre à résoudre les conflits de manière constructive, en privilégiant l'écoute, le respect mutuel et la recherche de solutions équilibrées, favorise la croissance et renforce la relation.

Lorsque nous sommes en dépendance affective, la gestion des conflits peut être particulièrement difficile. Les personnes en dépendance craignent souvent de perdre l'amour ou l'approbation de leur partenaire, ce qui peut les pousser à éviter les conflits ou à se soumettre à l'autre pour maintenir la relation. Cela peut entraîner une accumulation de ressentiments et un déséquilibre de pouvoir dans la relation.

La résolution de conflits constructive implique d'abord une écoute active et empathique. Il est important de donner à l'autre la possibilité de s'exprimer, d'écouter attentivement ses préoccupations et de reconnaître ses émotions. L'objectif est de comprendre le point de vue de l'autre personne sans jugement et avec ouverture d'esprit.

Ensuite, il est essentiel d'exprimer ses propres besoins, opinions et émotions de manière claire et respectueuse. Il est important d'éviter les attaques personnelles ou les critiques destructives, et de se concentrer plutôt sur la description des faits et sur l'expression de ses sentiments. La communication assertive permet de faire entendre sa voix tout en maintenant le respect mutuel.

La recherche de solutions équilibrées est un autre aspect crucial de la résolution de conflits constructive. Il s'agit de trouver des compromis qui répondent aux besoins des deux parties, plutôt que de chercher à imposer sa volonté ou de céder systématiquement aux demandes de l'autre. La créativité et la flexibilité sont nécessaires pour explorer différentes options et trouver des solutions qui respectent les intérêts de chacun.

Enfin, la gestion des conflits implique également de pardonner et de laisser aller les rancœurs passées. Le ressentiment et le maintien de vieilles blessures peuvent compromettre la résolution des conflits et entraver la croissance de la relation. La compassion et l'acceptation des erreurs et des imperfections de chacun sont essentielles pour avancer ensemble.

La résolution de conflits constructive nécessite une communication ouverte, une écoute empathique et une recherche active de solutions équilibrées. Cela demande un travail sur soi, notamment la gestion de ses émotions et la prise de conscience de ses schémas de dépendance. La thérapie peut jouer un rôle précieux en fournissant un espace sécurisé pour explorer les conflits et acquérir des compétences de résolution constructive.

En conclusion, la résolution de conflits constructive est une compétence clé pour maintenir des relations saines et épanouissantes. Elle implique l'écoute, le respect mutuel, l'expression assertive des besoins et des émotions, ainsi que la recherche de solutions équilibrées. En développant ces compétences, nous renforçons notre relation avec les autres et favorisons une croissance personnelle et relationnelle durable.

En intégrant ces éléments clés, nous pouvons établir des relations saines basées sur le respect, la communication ouverte, la confiance, l'équilibre émotionnel et la résolution constructive des conflits. En nourrissant ces éléments dans nos relations, nous favorisons un environnement propice à la croissance personnelle, à l'épanouissement mutuel et au bonheur partagé.

4.2 La communication authentique et la gestion des conflits

La communication authentique et la gestion des conflits sont des compétences essentielles pour établir et maintenir des relations saines. La communication authentique implique d'exprimer nos pensées, sentiments et besoins de manière honnête et sincère, tout en restant respectueux envers l'autre personne.

Pour pratiquer une communication authentique, il est important d'être conscient de nos propres émotions et de les exprimer de manière claire et constructive. Cela signifie éviter les jugements, les reproches et les attaques personnelles, et plutôt se concentrer sur l'expression de nos besoins et de nos perspectives. En écoutant activement et en faisant preuve d'empathie envers l'autre personne, nous favorisons une communication ouverte et mutuellement bénéfique.

La gestion des conflits est également cruciale pour maintenir des relations saines. Les conflits peuvent surgir lorsque des désaccords, des divergences d'opinions ou des frustrations se manifestent. Pour les gérer efficacement, il est important de créer un espace sûr où chaque personne peut s'exprimer librement et où les opinions sont respectées.

Lorsque des conflits surviennent, il est utile d'adopter une approche de résolution de problèmes, en identifiant les problèmes sous-jacents, en écoutant activement les perspectives de chacun et en recherchant des solutions mutuellement satisfaisantes. Il est également important de reconnaître et de gérer nos propres émotions pendant les conflits, en évitant les réactions impulsives ou les comportements agressifs.

En pratiquant la communication authentique et la gestion des conflits, nous favorisons la compréhension mutuelle, le respect et la résolution constructive des différends. Ces compétences nous permettent d'établir des relations saines basées sur une communication ouverte, une confiance mutuelle et une résolution pacifique des conflits. En développant ces aptitudes, nous pouvons créer des liens solides et durables avec les autres, favorisant ainsi notre épanouissement personnel et nos relations harmonieuses.

4.3 Éviter les relations toxiques et redéfinir ses limites

Dans cette partie, nous explorons des solutions pratiques pour éviter les relations toxiques et redéfinir nos limites, afin de préserver notre bien-être émotionnel et établir des relations saines et équilibrées.

La première étape consiste à développer une conscience de soi profonde. Il est important de prendre le temps de réfléchir à nos besoins, nos valeurs et nos limites personnelles. Cela nous permet de mieux comprendre ce que nous recherchons dans une relation et de définir nos critères de respect et de soutien mutuel. Plus nous sommes conscients de nos propres valeurs, plus il est facile de reconnaître les signes de comportements toxiques et d'éviter les relations qui ne nous conviennent pas.

Une fois que nous avons identifié les relations toxiques, il est essentiel de mettre en place des limites claires et de les communiquer de manière assertive. Cela signifie exprimer nos besoins et nos attentes d'une manière respectueuse mais ferme. Il est important de se rappeler que nous avons le droit d'être traités avec respect et dignité, et que nous avons le pouvoir de décider quelles relations nous souhaitons entretenir. En établissant des limites solides, nous protégeons notre bien-être émotionnel et créons un espace propice à des relations saines.

En parallèle, il est bénéfique de cultiver un réseau de soutien solide composé de personnes positives et bienveillantes. Entourez-vous de personnes qui vous soutiennent, vous encouragent et vous respectent. Ces relations positives renforcent notre estime de soi, nous apportent un soutien émotionnel et nous aident à maintenir nos limites.

Enfin, il est essentiel de travailler sur notre confiance en nous et notre estime de soi. Plus nous croyons en notre valeur personnelle, moins nous serons enclins à accepter des relations toxiques ou à tolérer des comportements nuisibles. Investir du temps dans notre développement personnel, pratiquer l'auto-compassion et se concentrer sur nos forces et réalisations contribuent à renforcer notre confiance en nous et à établir des relations saines basées sur le respect mutuel.

En mettant en œuvre ces solutions, nous sommes en mesure d'éviter les relations toxiques, de redéfinir nos limites et de créer des relations saines et équilibrées. En cultivant une conscience de soi, en établissant des limites claires, en s'entourant de personnes positives et en renforçant notre confiance en nous, nous ouvrons la voie à des relations plus épanouissantes et à un bien-être émotionnel durable.

Chapitre 5 :
Se libérer des attachements malsains

Ce chapitre explore le processus de libération des attachements malsains pour favoriser notre bien-être émotionnel et établir des relations saines. La première étape consiste à reconnaître ces attachements toxiques et à se donner la permission de les lâcher. En pratiquant le détachement émotionnel, nous prenons du recul émotionnellement pour prendre des décisions éclairées. En investissant dans notre croissance personnelle et en cultivant notre estime de soi, nous devenons moins dépendants des relations malsaines. Enfin, en s'entourant de soutien, nous avons un espace sécurisé pour partager nos expériences et recevoir du soutien. En se libérant des attachements malsains, nous ouvrons la porte à de nouvelles opportunités de croissance et de relations saines.

5.1 Identifier les relations toxiques et les comportements néfastes

Dans cette partie, nous explorons des solutions pratiques pour identifier les relations toxiques et les comportements néfastes, afin de préserver notre bien-être émotionnel et d'établir des relations saines.

La première étape pour identifier les relations toxiques est de développer une conscience de soi et de reconnaître les signes révélateurs. Cela implique d'observer attentivement nos émotions, nos pensées et nos interactions avec les autres. Des comportements tels que la manipulation, l'abus verbal, la violence physique ou émotionnelle, l'isolement ou le contrôle excessif sont des indicateurs de relations toxiques. Il est important de ne pas minimiser ou ignorer ces signes, mais de les prendre au sérieux.

Une fois que nous avons identifié une relation toxique, il est crucial d'évaluer notre propre participation à cette dynamique. Parfois, nous pouvons être pris dans des schémas de dépendance ou d'attachement malsains, ce qui nous empêche de voir clairement la nature destructrice de la relation. Il est essentiel de se remettre en question, de reconnaître nos propres comportements néfastes ou de nos tendances à accepter des comportements abusifs. Cela nous permet de prendre la responsabilité de notre part dans la relation et de prendre des mesures pour nous protéger.

Une autre solution consiste à établir des limites claires et à les communiquer de manière assertive. Cela implique de définir ce que nous considérons comme acceptable ou inacceptable dans une relation et de le faire savoir à notre partenaire. Il est essentiel de se respecter soi-même et de défendre nos droits et notre bien-être émotionnel. En établissant des limites fermes, nous établissons des frontières saines pour protéger notre intégrité.

En parallèle, il est crucial de rechercher un soutien externe. Cela peut être sous la forme d'amis de confiance, de membres de la famille ou de professionnels tels que des thérapeutes ou des conseillers. Ces personnes peuvent nous offrir une perspective objective, nous encourager et nous soutenir dans notre prise de décision pour mettre fin à une relation toxique. Leur soutien est précieux pour nous aider à renforcer notre estime de soi et à prendre les mesures nécessaires pour nous libérer de ces relations néfastes.

Enfin, il est important de se donner le temps et l'espace pour guérir après avoir mis fin à une relation toxique. Cela peut impliquer de prendre soin de soi, de se reposer, de participer à des activités qui nous plaisent et de rechercher des moyens de renforcer notre estime de soi. Il est également bénéfique d'apprendre des leçons de ces expériences passées, de se pardonner et de se concentrer sur notre propre croissance et notre bonheur.

En identifiant les relations toxiques et les comportements néfastes, en évaluant notre propre participation, en établissant des limites claires, en recherchant un soutien externe et en prenant le temps de guérir, nous pouvons nous libérer des relations toxiques et créer un environnement propice à des relations saines et épanouissantes. Nous méritons tous d'être entourés de relations saines, respectueuses et nourrissantes qui contribuent à notre bonheur et à notre épanouissement. En identifiant et en mettant fin aux relations toxiques, nous ouvrons la voie à des connexions authentiques, basées sur le respect mutuel, la communication ouverte et la croissance personnelle. En investissant dans notre bien-être émotionnel et en établissant des limites claires, nous créons un espace où l'amour, la compassion et l'équilibre peuvent s'épanouir. Par conséquent, nous construisons des relations qui nous enrichissent, nous soutiennent et nous aident à devenir la meilleure version de nous-mêmes.

5.2 Se détacher émotionnellement et se reconstruire

Nous allons aborder l'importance de se détacher émotionnellement des relations toxiques et de se reconstruire sur le plan émotionnel pour retrouver notre équilibre et notre bien-être.

La première étape pour se détacher émotionnellement est de prendre conscience de nos émotions et de les reconnaître sans les juger. Il est normal de ressentir de la tristesse, de la colère, de la peur ou de la confusion après une relation toxique. En acceptant ces émotions, nous pouvons commencer le processus de guérison et de libération.

Une solution pratique consiste à pratiquer l'auto-compassion. Cela signifie se traiter avec bienveillance, se pardonner pour les erreurs passées et se donner le temps de guérir. En se rappelant que nous sommes dignes d'amour et de respect, nous créons un espace pour se reconstruire et se recentrer sur notre bien-être émotionnel.

Un autre aspect essentiel de la reconstruction émotionnelle est de se reconnecter avec soi-même. Cela peut être fait par le biais de pratiques de pleine conscience, de l'expression créative, de la méditation ou de l'écriture. En prenant le temps de se connaître et de s'écouter, nous renforçons notre confiance en nous-mêmes et notre capacité à prendre des décisions qui nous correspondent.

Il est également important de s'entourer de soutien positif. Cela peut être des amis proches, des membres de la famille ou des groupes de soutien. Ces personnes peuvent nous apporter un soutien émotionnel, des conseils et une perspective objective pour nous aider à avancer sur le chemin de la reconstruction.

Une solution pratique pour se détacher émotionnellement est de se concentrer sur la croissance personnelle. Cela peut impliquer de se fixer des objectifs personnels, d'explorer de nouvelles passions, d'apprendre de nouvelles compétences ou de rechercher des opportunités de développement. En se consacrant à notre propre épanouissement, nous renforçons notre estime de soi et notre confiance en nous.

Enfin, il est important de pratiquer l'acceptation et le lâcher-prise. Reconnaître que nous ne pouvons pas changer le passé ou contrôler les actions des autres nous libère du poids émotionnel. En acceptant ce qui s'est passé et en choisissant de nous concentrer sur notre avenir, nous ouvrons la porte à de nouvelles possibilités et à des relations saines.

En se détachant émotionnellement des relations toxiques, en pratiquant l'auto-compassion, en se reconnectant avec soi-même, en s'entourant de soutien positif, en se concentrant sur la croissance personnelle et en pratiquant l'acceptation, nous pouvons reconstruire notre vie sur des bases solides et équilibrées. Nous méritons d'être libres des liens émotionnels qui nous retiennent et de créer une réalité où nous sommes en mesure de vivre des relations épanouissantes et authentiques.

5.3 Apprendre à lâcher prise et à se pardonner

L'importance d'apprendre à lâcher prise et à se pardonner dans le processus de guérison de la dépendance affective.

Lâcher prise consiste à se libérer du poids émotionnel du passé et des attentes irréalistes que nous pouvons avoir envers nous-mêmes et les autres. Une solution pratique pour y parvenir est de pratiquer la pleine conscience. En étant attentif à l'instant présent, nous nous détachons des regrets passés et des préoccupations futures, nous permettant ainsi de vivre pleinement le moment présent.

Un autre aspect essentiel est de faire face à nos émotions et de les exprimer de manière saine. Cela peut impliquer d'écrire dans un journal, de parler à un ami de confiance ou de consulter un professionnel de la santé mentale. En donnant une voix à nos émotions, nous les libérons et nous créons un espace pour la guérison.

Le pardon de soi-même et des autres est une étape cruciale pour se libérer de la dépendance affective. Cela ne signifie pas nécessairement oublier ou excuser les comportements nuisibles, mais plutôt se libérer de la colère et de la rancœur qui nous retiennent. Une pratique utile est de réfléchir sur nos erreurs passées et de reconnaître que nous sommes tous humains, sujets à commettre des erreurs. En se pardonnant, nous nous accordons la possibilité de grandir et de nous reconstruire.

Libère ton cœur : Brise les chaînes de la Dépendance Affective

Une solution pratique pour apprendre à lâcher prise et à se pardonner est de pratiquer la gratitude. En se concentrant sur les aspects positifs de notre vie et en exprimant notre reconnaissance, nous changeons notre perspective et nous nous ouvrons à la compassion envers nous-mêmes et les autres. La gratitude nous permet de trouver la paix intérieure et de cultiver des émotions positives.

Il est également important de prendre soin de notre bien-être physique. L'exercice régulier, une alimentation équilibrée et suffisamment de repos sont essentiels pour maintenir un état d'esprit positif et une bonne santé émotionnelle. En prenant soin de notre corps, nous renforçons notre capacité à faire face aux défis et à surmonter les blessures émotionnelles.

En apprenant à lâcher prise, à exprimer nos émotions, à se pardonner, à pratiquer la gratitude et à prendre soin de notre bien-être physique, nous nous donnons les outils nécessaires pour avancer vers une vie épanouissante et libre de la dépendance affective. Le chemin peut être difficile, mais chaque pas que nous faisons vers la guérison et le pardon nous rapproche de la liberté émotionnelle et d'une relation saine avec nous-mêmes et les autres.

Chapitre 6 :
Renforcer son estime de soi

Dans ce chapitre, nous explorons différentes méthodes pour renforcer notre estime de soi dans le but de briser les chaînes de la dépendance affective. Ces méthodes incluent la pratique de l'autocompassion, l'identification et la remise en question des croyances négatives, la mise en valeur de nos forces et réalisations, l'entourage de personnes positives, et le soin de nous-mêmes à travers des activités nourrissantes. En renforçant notre estime de soi, nous développons la confiance nécessaire pour établir des relations saines et équilibrées, basées sur l'amour, le respect et l'estime de soi.

6.1 Reconnaître et surmonter les doutes et les auto-critiques

Dans la continuité, nous abordons la manière de reconnaître et de surmonter les doutes et les auto-critiques qui peuvent miner notre estime de soi.

La première étape consiste à prendre conscience de nos pensées négatives et critiques envers nous-mêmes. En identifiant ces pensées, nous pouvons commencer à remettre en question leur validité et à les remplacer par des pensées plus positives et constructives. Une solution pratique consiste à tenir un journal des pensées, où nous notons les auto-critiques et les doutes qui surgissent, puis nous les analysons de manière objective.

Il est également important de se rappeler que tout le monde fait des erreurs et que l'échec fait partie du processus d'apprentissage et de croissance. Plutôt que de nous critiquer sévèrement pour nos erreurs, nous devons apprendre à les voir comme des occasions d'apprendre et de progresser. Une solution pratique consiste à pratiquer l'auto-compassion en se parlant à soi-même avec gentillesse et en se donnant la permission d'être imparfait.

Pour surmonter les doutes et les auto-critiques, il est bénéfique de se concentrer sur nos forces et nos réalisations. En mettant l'accent sur nos compétences et nos succès passés, nous renforçons notre confiance en nous-mêmes. Une solution pratique consiste à dresser une liste de nos réalisations et de nos qualités positives, et à la consulter régulièrement pour nous rappeler notre valeur et nos capacités.

L'entourage de personnes positives et bienveillantes est également essentiel pour surmonter les doutes et les auto-critiques. En étant entouré de personnes qui nous soutiennent et nous encouragent, nous nous sentons plus en confiance et plus aptes à surmonter nos doutes. Une solution pratique consiste à chercher du soutien auprès d'amis, de membres de la famille ou de groupes de soutien où l'on peut partager nos expériences et recevoir des encouragements.

Enfin, la pratique de l'affirmation de soi peut aider à surmonter les doutes et les auto-critiques en renforçant notre confiance en nous-mêmes. En exprimant nos besoins, nos opinions et nos limites de manière assertive, nous nous affirmons en tant qu'individus et nous renforçons notre estime de soi. Une solution pratique consiste à s'exercer à la communication assertive, en apprenant à exprimer nos pensées et nos émotions de manière respectueuse et directe.

En reconnaissant et en surmontant les doutes et les auto-critiques grâce à la prise de conscience, l'auto-compassion, la valorisation de nos forces, l'entourage de personnes positives et bienveillantes, et la pratique de l'affirmation de soi, nous renforçons notre estime de soi et nous brisons les chaînes de la dépendance affective. Nous nous donnons la possibilité de nous épanouir dans des relations saines et équilibrées, en reconnaissant notre valeur et en cultivant une estime de soi solide.

6.2 Cultiver la confiance en soi et l'affirmation de soi

Plutôt que de se concentrer uniquement sur les aspects extérieurs de la confiance en soi, tels que les accomplissements ou les apparences, nous nous penchons sur la nécessité de se connecter à notre essence profonde et d'accepter notre valeur intrinsèque.

La confiance en soi authentique découle d'une compréhension profonde de qui nous sommes et de ce que nous avons à offrir. Il s'agit de reconnaître nos talents, nos qualités uniques et nos expériences de vie qui ont contribué à notre croissance et à notre résilience. Une solution pratique consiste à tenir un journal de gratitude, où nous pouvons régulièrement écrire les aspects positifs de nous-mêmes et les moments où nous avons fait preuve de force et de courage.

L'affirmation de soi, quant à elle, repose sur la reconnaissance de nos besoins, de nos valeurs et de nos limites. Cela implique de développer une communication claire et respectueuse, en exprimant nos opinions de manière assertive et en défendant nos droits personnels. Une solution pratique consiste à pratiquer des techniques de communication assertive telles que l'utilisation de "je" au lieu de "tu", la clarification de nos attentes et la recherche de compromis mutuellement bénéfiques.

Pour cultiver la confiance en soi et l'affirmation de soi, il est essentiel de se libérer des comparaisons constantes avec les autres. Chacun a son propre parcours et ses propres défis, et il est important de se concentrer sur notre propre croissance plutôt que de se mesurer aux succès ou aux apparences des autres. Une solution pratique consiste à se rappeler que nous sommes uniques et que notre valeur ne dépend pas de notre position dans une échelle de comparaison.

Enfin, il est crucial de se donner la permission d'expérimenter, de commettre des erreurs et d'apprendre de nos expériences. La confiance en soi se renforce en osant sortir de notre zone de confort, en prenant des risques calculés et en embrassant les opportunités de croissance personnelle. Une solution pratique consiste à se fixer des objectifs réalistes mais stimulants, à célébrer chaque petit pas en avant et à voir les erreurs comme des occasions d'apprendre et de grandir.

En cultivant la confiance en soi et l'affirmation de soi à travers une réflexion différente axée sur notre valeur intrinsèque, notre communication assertive, la libération des comparaisons et l'acceptation de l'expérimentation et des erreurs, nous brisons les chaînes de la dépendance affective. Nous nous donnons la possibilité de nous aimer et de nous respecter pleinement, d'établir des relations saines et équilibrées et de vivre une vie épanouissante basée sur notre propre vérité et notre propre pouvoir.

6.3 Se valoriser et se nourrir intérieurement

Une solution efficace consiste à se concentrer sur les aspects positifs de soi-même. Nous pouvons dresser une liste de nos forces, de nos talents et de nos accomplissements, et les revisiter régulièrement pour renforcer notre estime de soi. Il est également bénéfique de se rappeler nos valeurs fondamentales et de vivre en accord avec celles-ci, ce qui renforce notre sentiment d'intégrité et de confiance en soi.

Il est essentiel de s'entourer de personnes positives et bienveillantes qui nous soutiennent dans notre cheminement. En identifiant notre cercle social et en évaluant l'impact des relations sur notre bien-être émotionnel, nous pouvons établir des limites saines et nous entourer de personnes qui nous inspirent, nous encouragent et nous apportent un soutien positif.

Il est important de se fixer des objectifs personnels et de travailler vers leur réalisation. Cela nous donne un sentiment de direction et de satisfaction personnelle, renforçant ainsi notre estime de soi. En identifiant nos passions et nos aspirations, nous pouvons prendre des mesures concrètes pour les poursuivre, ce qui alimente notre croissance personnelle et notre épanouissement.

D'autres solutions existent que j'ai pu expérimenter afin de se valoriser et de se nourrir intérieurement :

> **Développer l'autonomie émotionnelle** : Cela implique de prendre la responsabilité de nos propres émotions et de ne pas les laisser dépendre entièrement des autres. Nous pouvons apprendre à reconnaître nos propres besoins émotionnels et à trouver des moyens sains de les satisfaire, que ce soit par le biais de l'expression artistique, de la pratique sportive, de la méditation ou de tout autre moyen qui nous permet de nous connecter à notre monde intérieur.

L'autonomie émotionnelle consiste à cultiver une connaissance profonde de nos émotions, à en reconnaître les causes et à en prendre la responsabilité. Plutôt que d'attendre que les autres comblent nos besoins émotionnels, nous nous engageons activement dans des activités et des pratiques qui favorisent notre bien-être émotionnel. Cela nous permet de ne pas être totalement dépendants de l'approbation, de la validation ou de l'amour externe pour nous sentir comblés.

Pour développer notre autonomie émotionnelle, il est important d'explorer nos émotions et de les accepter pleinement, même celles qui peuvent sembler inconfortables ou difficiles. Lorsque nous sommes conscients de nos émotions, nous pouvons les exprimer de manière saine et appropriée, tout en respectant les limites des autres.

Une partie importante du développement de l'autonomie émotionnelle est d'apprendre à gérer les émotions négatives de manière constructive. Cela peut impliquer des techniques telles que la régulation émotionnelle, la respiration consciente, l'identification des pensées négatives et leur remplacement par des pensées positives. En développant ces compétences, nous devenons plus résilients face aux défis émotionnels et sommes mieux équipés pour faire face aux difficultés de la vie.

Il est également essentiel de cultiver un soutien social et d'entretenir des relations saines et nourrissantes. L'autonomie émotionnelle ne signifie pas se couper des autres, mais plutôt d'avoir des relations équilibrées où chacun peut être autonome émotionnellement et soutenir mutuellement son développement personnel.

En développant notre autonomie émotionnelle, nous renforçons notre confiance en nous-mêmes et notre capacité à naviguer dans les hauts et les bas de la vie. Nous devenons moins enclins à la dépendance affective, car nous sommes capables de nous satisfaire émotionnellement et de construire des relations basées sur le respect mutuel et l'épanouissement personnel.

La thérapie peut être un outil précieux pour développer l'autonomie émotionnelle. Un thérapeute peut nous accompagner dans ce processus, nous aider à explorer nos émotions, à identifier les schémas de dépendance émotionnelle et à développer des stratégies pour cultiver notre autonomie émotionnelle.

En conclusion, développer l'autonomie émotionnelle est un chemin vers une vie émotionnelle épanouissante et des relations saines. Cela implique de prendre la responsabilité de nos propres émotions, de reconnaître nos besoins émotionnels et de trouver des moyens sains de les satisfaire. Par le développement de cette compétence, nous renforçons notre capacité à surmonter les épreuves de la vie, à rebondir face à l'adversité et à trouver en nous les ressources nécessaires pour nous reconstruire et avancer vers un avenir plus épanouissant.

> **Se nourrir de relations équilibrées** : Il est important de chercher des relations où l'échange est équilibré, où les besoins et les émotions des deux parties sont pris en compte. Apprendre à communiquer de manière claire et assertive, exprimer nos limites et nos attentes, et être ouvert à la négociation et au compromis dans nos relations contribue à une dynamique plus saine et nourrissante.

Lorsque nous nous engageons dans des relations équilibrées, nous accordons une valeur égale aux besoins émotionnels de chacun. Cela signifie que nous sommes attentifs à nos propres besoins, mais aussi à ceux de l'autre personne. Nous cherchons à comprendre et à soutenir activement les émotions et les besoins de notre partenaire, de nos amis ou de notre famille.

La communication joue un rôle essentiel dans l'établissement de relations équilibrées. Une communication claire et assertive nous permet d'exprimer nos sentiments, nos besoins et nos limites de manière respectueuse. Cela favorise une meilleure compréhension mutuelle et une résolution plus efficace des conflits.

Dans une relation équilibrée, il est également important d'être ouvert à la négociation et au compromis. Cela signifie être disposé à trouver des solutions qui répondent aux besoins des deux parties, plutôt que de privilégier uniquement ses propres intérêts. Lorsque nous sommes flexibles et prêts à trouver un terrain d'entente, nous favorisons une relation harmonieuse et équilibrée.

Se nourrir de relations équilibrées ne signifie pas que nous devons renoncer à nos propres besoins ou nous sacrifier pour les autres. Au contraire, il s'agit de trouver un équilibre entre prendre soin de nous-mêmes et prendre soin des autres. Cela nécessite une conscience de nos propres limites et de ce qui est essentiel pour notre bien-être émotionnel.

En recherchant des relations équilibrées, nous nous assurons que nos propres besoins sont satisfaits tout en respectant ceux des autres. Cela crée un environnement où chacun se sent écouté, compris et soutenu. Les relations équilibrées nous nourrissent émotionnellement, renforcent notre estime de soi et contribuent à notre épanouissement personnel.

Cependant, il est important de noter que la recherche de relations équilibrées ne signifie pas que toutes les relations seront parfaites. Il peut y avoir des hauts et des bas, des conflits et des difficultés à surmonter. La clé réside dans la volonté de travailler ensemble pour maintenir l'équilibre, la compréhension et la satisfaction mutuelle.

Se nourrir de relations équilibrées est essentiel pour notre bien-être émotionnel. Cela implique d'accorder une attention égale aux besoins et aux émotions des deux parties, de communiquer de manière claire et assertive, et d'être ouvert à la négociation et au compromis. En cultivant des relations équilibrées, nous créons un environnement nourrissant où chacun peut s'épanouir et grandir.

> **Pratiquer l'autonomie personnelle** : Cela consiste à se donner la permission d'être soi-même, d'exprimer ses opinions et ses préférences, et de prendre des décisions qui sont en alignement avec nos valeurs et nos aspirations. En cultivant notre indépendance personnelle, nous renforçons notre confiance en nos capacités et notre capacité à prendre soin de nous-mêmes.

L'autonomie personnelle est essentielle pour notre développement individuel et notre bien-être émotionnel. Cela implique de reconnaître et de respecter notre propre identité, nos besoins et nos désirs, indépendamment des attentes et des opinions des autres. En nous donnant la permission d'être authentique et de vivre selon nos propres valeurs, nous nourrissons notre estime de soi et notre confiance en nous.

Pratiquer l'autonomie personnelle implique également d'exprimer nos opinions et nos préférences de manière assertive. Cela signifie communiquer nos pensées et nos sentiments de manière claire, tout en respectant également les opinions des autres. En exprimant nos besoins et nos limites, nous favorisons des relations équilibrées et respectueuses, où nos voix sont entendues et prises en compte.

Prendre des décisions qui sont en alignement avec nos valeurs et nos aspirations est un aspect crucial de l'autonomie personnelle. Cela signifie être en accord avec ce qui est important pour nous et avoir le courage de suivre notre propre chemin, même si cela va à l'encontre des attentes sociales ou des pressions extérieures. En prenant des décisions autonomes, nous cultivons notre confiance en nos capacités et notre capacité à façonner notre propre vie.

La pratique de l'autonomie personnelle peut être facilitée par la connaissance de soi. En développant une compréhension profonde de nos valeurs, de nos passions et de nos besoins, nous pouvons prendre des décisions plus éclairées et alignées avec notre véritable essence. Cela peut être soutenu par des pratiques telles que l'introspection, la méditation et l'exploration de nos intérêts et de nos talents uniques.

Il est important de noter que l'autonomie personnelle ne signifie pas l'isolement ou l'indépendance totale. Nous sommes des êtres sociaux et nous avons besoin des relations avec les autres. Cependant, en pratiquant l'autonomie personnelle, nous sommes en mesure d'établir des relations plus équilibrées, basées sur le respect mutuel et la complémentarité plutôt que sur la dépendance.

Pratiquer l'autonomie personnelle est un élément clé pour notre épanouissement émotionnel. Cela nous permet d'être fidèles à nous-mêmes, de prendre des décisions éclairées et d'établir des relations équilibrées. En cultivant notre indépendance personnelle, nous renforçons notre confiance en nous et notre capacité à créer une vie épanouissante et alignée avec nos valeurs.

> **Élargir ses horizons** : Explorer de nouvelles expériences, s'engager dans des activités qui nous passionnent et nous enrichissent, et sortir de notre zone de confort nous permet de découvrir de nouvelles facettes de nous-mêmes. En cultivant notre curiosité et notre ouverture d'esprit, nous nous donnons l'opportunité d'apprendre, de grandir et de nous connecter à notre potentiel.

Élargir ses horizons est un aspect essentiel de la pratique de l'autonomie personnelle. Cela consiste à explorer de nouvelles expériences, à s'engager dans des activités qui nous passionnent et nous enrichissent, et à sortir de notre zone de confort. En faisant cela, nous nous donnons l'opportunité de découvrir de nouvelles facettes de nous-mêmes, d'explorer nos intérêts et de nous connecter à notre potentiel.

Lorsque nous nous engageons dans de nouvelles expériences, nous élargissons nos perspectives et notre compréhension du monde qui nous entoure. Cela peut inclure la découverte de nouvelles cultures, l'apprentissage de nouvelles compétences, l'exploration de nouveaux environnements, ou même l'engagement dans des activités artistiques, sportives ou sociales qui nous attirent. En sortant de notre routine habituelle, nous nous ouvrons à de nouvelles opportunités d'apprentissage, de croissance et de développement personnel.

En cultivant notre curiosité et notre ouverture d'esprit, nous développons notre capacité à remettre en question nos propres croyances et à considérer différents points de vue. Cela nous permet d'explorer des idées et des perspectives différentes, ce qui peut élargir notre compréhension du monde et de nous-mêmes. En étant ouverts à de nouvelles expériences, nous nous donnons l'occasion d'explorer notre potentiel et de découvrir des aspects de notre personnalité que nous n'avions peut-être pas encore explorés.

Élargir ses horizons peut également nous aider à sortir de notre zone de confort et à surmonter nos peurs et nos limitations. En nous engageant dans des activités qui nous défient, nous développons notre résilience et notre confiance en nos capacités. Cela nous permet de repousser nos limites et de réaliser que nous sommes capables de faire face à de nouveaux défis et de nous adapter à de nouvelles situations.

Pratiquer l'autonomie personnelle en élargissant nos horizons nous permet de découvrir de nouvelles facettes de nous-mêmes, d'explorer nos intérêts et de nous connecter à notre potentiel. En nous engageant dans de nouvelles expériences, en cultivant notre curiosité et en sortant de notre zone de confort, nous développons notre capacité à apprendre, à grandir et à nous épanouir sur le plan personnel. Cela nous permet d'enrichir notre vie et de vivre de manière plus authentique et épanouissante.

> **S'entourer de soutien professionnel** : Parfois, il peut être bénéfique de chercher l'aide d'un thérapeute ou d'un coach spécialisé dans les problématiques de dépendance affective. Ces professionnels peuvent fournir des outils et des stratégies spécifiques pour renforcer l'estime de soi, travailler sur les schémas de pensée limitants et soutenir le processus de guérison et de transformation personnelle.

S'entourer de soutien professionnel est un aspect important de la pratique de l'autonomie personnelle, notamment lorsqu'il s'agit de travailler sur les schémas de dépendance affective. Parfois, malgré nos efforts et notre motivation, nous pouvons rencontrer des difficultés à surmonter ces schémas par nous-mêmes. Dans ces moments-là, il peut être bénéfique de chercher l'aide d'un thérapeute ou d'un coach spécialisé dans les problématiques de dépendance affective.

Les professionnels de la thérapie ou du coaching peuvent fournir un espace sûr et confidentiel pour explorer nos schémas de dépendance, nos croyances limitantes et nos expériences passées. Ils sont formés pour écouter activement, comprendre nos défis spécifiques et offrir un soutien émotionnel et psychologique adapté à nos besoins.

En travaillant avec un professionnel, nous avons accès à des outils et à des stratégies spécifiques pour renforcer notre estime de soi, remettre en question les schémas de pensée limitants et développer de nouvelles compétences relationnelles. Ils peuvent nous guider dans l'exploration de nos émotions, de nos besoins et de nos valeurs, et nous aider à trouver des moyens sains de les satisfaire.

Le soutien professionnel peut également jouer un rôle essentiel dans le processus de guérison et de transformation personnelle. Les thérapeutes et les coachs spécialisés peuvent nous aider à identifier et à travailler sur les blessures émotionnelles profondes qui alimentent nos schémas de dépendance affective. Ils nous accompagnent dans l'exploration de notre identité, de nos désirs et de nos objectifs, et nous soutiennent dans le développement d'une vision plus épanouissante de nous-mêmes et de nos relations.

En s'entourant de soutien professionnel, nous bénéficions d'une expertise et d'une perspective extérieures qui peuvent nous aider à gagner en clarté, en compréhension et en motivation. Les professionnels formés sont neutres, bienveillants et dans l'absence de jugements, ce qui favorise un espace propice à l'exploration et à la croissance personnelle.

En conclusion, pratiquer l'autonomie personnelle implique de reconnaître lorsque nous avons besoin d'un soutien professionnel pour travailler sur nos schémas de dépendance affective. S'entourer d'un thérapeute ou d'un coach spécialisé peut fournir les outils, les stratégies et l'accompagnement nécessaires pour renforcer notre estime de soi, travailler sur nos schémas de pensée limitants et soutenir notre processus de guérison et de transformation personnelle. C'est un pas important vers une vie plus autonome, épanouissante et équilibrée.

En intégrant ces différentes solutions dans sa vie, le lecteur peut progressivement se valoriser et se nourrir intérieurement, libérant ainsi son cœur des chaînes de la dépendance affective. Ces pratiques lui permettent de prendre le contrôle de sa propre estime de soi, de cultiver des relations saines et équilibrées, et de vivre une vie épanouissante basée sur la confiance en soi et la pleine expression de son être.

Chapitre 7 :
Trouver son équilibre émotionnel

Dans ce nouveau chapitre, nous allons explorer des moyens de trouver son équilibre émotionnel, un élément crucial pour briser les chaînes de la dépendance affective. Nous abordons des techniques telles que la gestion du stress, la régulation émotionnelle et la pratique de la pleine conscience. En développant ces compétences, le lecteur peut mieux gérer ses émotions, réduire l'anxiété et le sentiment de dépendance émotionnelle, et retrouver un équilibre intérieur. Cela lui permet de faire face aux défis de manière plus saine et de prendre des décisions éclairées basées sur ses propres besoins et valeurs.

7.1 Gérer les émotions difficiles et les crises émotionnelles

Je veux vous raconter une histoire qui pourrait ressembler à la vôtre. Imaginez que vous êtes confronté(e) à une déception majeure dans votre vie professionnelle. Vous aviez tant investi d'énergie, d'espoir et de rêves dans ce projet, et pourtant, tout s'est effondré. Un mélange d'émotions bouillonne en vous : la tristesse, la frustration, la colère. Vous vous demandez si vous avez suffisamment de valeur, si vous êtes vraiment à la hauteur.

Eh bien, laissez-moi vous dire que vous n'êtes pas seul(e). J'ai moi-même traversé une situation similaire, et j'ai connu cette douleur profonde qui accompagne un échec. Mais permettez-moi de vous partager ce que j'ai appris au cours de ce parcours tumultueux.

Tout d'abord, il est essentiel d'accueillir et de reconnaître ces émotions. Elles sont légitimes, et vous avez le droit de les ressentir. Prenez le temps de pleurer, de crier, de vous exprimer pleinement. Ensuite, vous pouvez commencer à canaliser cette énergie émotionnelle en vous tournant vers des pratiques de gestion des émotions. La respiration profonde, la méditation, l'écriture ou toute autre activité qui vous aide à vous recentrer et à apaiser votre esprit peuvent être d'une grande aide.

Mais ne restez pas seul(e) dans cette épreuve. Cherchez le soutien de personnes bienveillantes dans votre entourage. Entourez-vous de personnes qui vous comprennent, qui peuvent vous écouter sans jugement et vous encourager à croire en vous-même. Leur présence et leurs paroles réconfortantes peuvent faire toute la différence dans votre processus de guérison.

Enfin, rappelez-vous que cette déception n'est pas une indication de votre valeur intrinsèque. Ne laissez pas cet échec définir qui vous êtes. Au contraire, utilisez-le comme un tremplin pour vous renforcer, pour explorer de nouvelles opportunités et pour croire en votre propre potentiel. Vous êtes bien plus que vos échecs, et vous méritez de vous épanouir pleinement.

L'histoire que je viens de partager est celle d'un(e) combattant(e), qui a trouvé la force de se relever après un coup dur. Et je sais que vous avez cette force en vous également. Vous pouvez vous libérer de la dépendance affective, vous pouvez briser les chaînes qui vous retiennent, et vous pouvez vivre une vie épanouissante et équilibrée. Alors, prenez ma main, et ensemble, marchons sur le chemin de la guérison et de la résilience

7.2 Pratiquer la pleine conscience et la gestion du stress

Nous allons explorer la puissance de la pleine conscience et de la gestion du stress dans notre quête de libération de la dépendance affective. Imaginez-vous dans une situation où vous ressentez une intense anxiété ou une grande détresse émotionnelle. Votre cœur bat rapidement, votre esprit est agité, et vous vous sentez submergé(e) par le stress.

C'est là que la pratique de la pleine conscience peut jouer un rôle essentiel. La pleine conscience consiste à porter une attention bienveillante et sans jugement à l'instant présent, en prêtant attention à vos pensées, vos sensations corporelles et vos émotions. En cultivant cette capacité à être pleinement conscient(e) de ce qui se passe à l'intérieur de vous, vous pouvez développer une plus grande clarté mentale et une meilleure compréhension de vos réactions émotionnelles.

Lorsque vous êtes confronté(e) à une situation stressante ou à des pensées négatives liées à la dépendance affective, essayez de vous recentrer en pratiquant la pleine conscience. Prenez quelques instants pour vous asseoir confortablement, fermez les yeux et concentrez-vous sur votre respiration. Observez les sensations de l'air entrant et sortant de votre corps, en laissant les pensées et les émotions venir et repartir sans vous y accrocher.

La gestion du stress est également un élément clé pour se libérer de la dépendance affective. Lorsque nous sommes stressés, notre capacité à prendre des décisions rationnelles et à entretenir des relations saines est souvent compromise. Une pratique régulière de techniques de gestion du stress, comme la relaxation musculaire, la visualisation positive ou l'exercice physique, peut vous aider à réduire le stress accumulé et à retrouver un équilibre émotionnel.

Pour illustrer cela, permettez-moi de partager l'histoire de Lucas. Lucas était pris dans un cercle vicieux de dépendance affective, ce qui amplifiait son niveau de stress et l'empêchait de prendre des décisions éclairées dans ses relations. Grâce à la pratique régulière de la pleine conscience et de la gestion du stress, Lucas a appris à reconnaître les signes précurseurs de stress et à utiliser des techniques simples pour se recentrer et calmer son esprit. Cette nouvelle perspective lui a permis de faire des choix plus alignés avec ses besoins et ses valeurs, et de créer des relations plus équilibrées et épanouissantes.

En intégrant la pleine conscience et la gestion du stress dans votre quotidien, vous pourrez mieux reconnaître vos réactions émotionnelles face à la dépendance affective et agir de manière plus intentionnelle. Cela vous aidera à faire face aux défis, à maintenir un équilibre émotionnel et à cultiver des relations saines et épanouissantes. N'oubliez pas que ces pratiques demandent de la patience et de la persévérance, mais elles peuvent être des outils puissants sur votre chemin vers la guérison et la libération de la dépendance affective.

7.3 Se connecter à sa force intérieure et à sa résilience

Permettez-moi de vous ouvrir les portes d'une réflexion profonde sur la découverte de votre force intérieure et de votre résilience inébranlable. Dans ce monde parfois tumultueux, il est facile de se laisser emporter par les tourments émotionnels et les épreuves de la dépendance affective. Mais sachez que vous êtes bien plus fort(e) que vous ne le pensez.

Imaginez un instant que vous êtes au sommet d'une montagne, contemplant la vue majestueuse qui s'étend devant vous. Vous vous tenez là, avec une certitude profonde, que vous êtes capable de surmonter chaque défi qui se présente à vous. Les vents de l'adversité peuvent souffler, les tempêtes de l'incertitude peuvent éclater, mais vous restez ancré(e) dans votre force intérieure, votre noyau indestructible.

La clé pour révéler cette force intérieure réside dans votre capacité à croire en vous-même. Osez embrasser vos talents, vos compétences, et surtout, votre valeur intrinsèque en tant qu'être humain. Vous êtes unique, avec un potentiel infini qui ne demande qu'à être exploité. Laissez-vous imprégner de cette conviction et laissez-la guider vos pas sur le chemin de la guérison et de l'épanouissement.

La gratitude joue également un rôle essentiel dans votre quête de force intérieure. Prenez le temps chaque jour de reconnaître les merveilles de votre existence, les petites joies qui illuminent votre quotidien. Remerciez-vous pour les progrès que vous avez réalisés, pour les moments de courage et de résilience dont vous pouvez être fier(e). En cultivant la gratitude, vous nourrissez votre feu intérieur et vous ouvrez la voie à une vie empreinte de positivité et de bien-être.

Vous avez peut-être connu des moments de doute, des instants où vous vous êtes senti(e) vulnérable et incertain(e). Mais rappelez-vous, ce sont précisément ces moments qui vous ont façonné(e) et renforcé(e). Chaque épreuve surmontée, chaque difficulté affrontée, a contribué à forger votre résilience. Ayez confiance en votre capacité à vous relever, à vous reconstruire et à grandir à partir de chaque expérience.

La résilience, quant à elle, peut être renforcée en développant une attitude positive face à l'adversité et en apprenant à gérer le stress et les émotions négatives. Cultiver des stratégies d'adaptation saines, telles que la recherche de soutien social, la pratique régulière d'une activité physique, la gestion du temps et la mise en place de rituels de bien-être, peut renforcer notre capacité à rebondir et à nous rétablir après des situations difficiles.

Se connecter à sa force intérieure et à sa résilience demande de la pratique et de la persévérance. Il est important de se rappeler que nous avons tous une force intérieure qui nous guide et nous soutient, même lorsque nous sommes confrontés à des moments de vulnérabilité et de doute. En nous appuyant sur cette force intérieure, nous pouvons puiser dans notre résilience et trouver la capacité de faire face aux défis de la vie avec confiance et détermination.

N'hésitez pas à solliciter l'aide d'un professionnel de la thérapie ou du coaching pour vous accompagner dans votre cheminement vers la connexion avec votre force intérieure et votre résilience. Ils peuvent vous fournir des outils et des techniques spécifiques pour renforcer ces aspects de votre être et vous soutenir dans votre croissance personnelle.

Chapitre 8 :
Construire un avenir épanouissant

Nous allons explorer la construction d'un avenir épanouissant en identifiant nos objectifs et passions, en surmontant les obstacles, en développant la résilience et en cultivant la gratitude. Nous sommes invités à tracer notre propre chemin vers un avenir radieux en utilisant notre force intérieure et en faisant des choix alignés avec nos aspirations. En embrassant ce chapitre avec détermination, nous pouvons construire l'avenir épanouissant que nous méritons tant.

8.1 Définir ses objectifs et ses aspirations personnelles

L'objectif est de vous guider pas à pas dans le processus de définition de vos objectifs et de vos aspirations, en utilisant des techniques simples et pratiques.

Tout d'abord, prenez le temps de réfléchir à ce que vous souhaitez vraiment accomplir dans différents domaines de votre vie, comme la carrière, les relations, la santé, les loisirs, etc. Identifiez ce qui est important pour vous et ce qui vous motive profondément. Posez-vous des questions telles que : Quels sont mes rêves et mes passions ? Qu'est-ce qui me rend vraiment heureux et épanoui ?

Ensuite, il est important de formuler des objectifs clairs et spécifiques. Évitez les objectifs vagues comme "être plus heureux" ou "réussir dans la vie". Au lieu de cela, définissez des objectifs concrets et mesurables. Par exemple, si vous souhaitez améliorer votre santé, vous pourriez vous fixer l'objectif de faire de l'exercice pendant 30 minutes chaque jour ou de manger plus de légumes et de fruits.

Une fois que vous avez défini vos objectifs, décomposez-les en étapes réalisables. Cela vous permettra de voir clairement le chemin à suivre pour les atteindre. Identifiez les actions concrètes que vous pouvez entreprendre pour progresser vers vos objectifs. Par exemple, si vous souhaitez obtenir une promotion au travail, vous pourriez vous fixer des étapes telles que développer de nouvelles compétences, établir des relations professionnelles solides ou prendre des initiatives dans votre travail.

N'oubliez pas d'adapter vos objectifs en fonction de vos propres capacités et ressources. Soyez réaliste quant à ce que vous pouvez accomplir dans un délai donné. Si vous vous fixez des objectifs trop ambitieux, vous risquez de vous décourager rapidement. Il est préférable de commencer par de petits pas et de progresser graduellement.

Enfin, faites preuve de persévérance et de discipline dans la poursuite de vos objectifs. Il est normal de rencontrer des obstacles et des défis en cours de route. Apprenez à vous relever des échecs et à ajuster votre approche si nécessaire. Faites preuve de patience et de détermination, car la réalisation de vos objectifs peut prendre du temps.

Cher lecteur, utilisez ce chapitre comme un guide pratique pour définir vos objectifs et aspirations personnelles. Rappelez-vous qu'il n'y a pas de bon ou de mauvais objectifs, tant qu'ils sont alignés avec vos valeurs et vos désirs les plus profonds. Soyez à l'écoute de vous-même, soyez réaliste et persévérez dans votre parcours vers une vie épanouissante. Vous avez le pouvoir de transformer vos rêves en réalité.

8.2 Se créer une vie remplie de sens et d'épanouissement

Cette approche, bien qu'étant professionnelle, reste accessible à tous et peut être adaptée à vos propres circonstances et aspirations.

Pour commencer, il est important de réfléchir à ce qui donne du sens à votre vie. Qu'est-ce qui vous motive profondément ? Quelles sont vos valeurs et vos croyances fondamentales ? Prenez le temps de vous connecter avec vous-même et d'explorer ce qui est réellement important pour vous. Cela vous aidera à orienter vos décisions et vos actions vers des domaines qui sont alignés avec vos aspirations les plus profondes.

Ensuite, identifiez les domaines clés de votre vie dans lesquels vous souhaitez trouver du sens et de l'épanouissement. Il peut s'agir de votre carrière, de vos relations, de votre développement personnel, de votre contribution à la société, ou d'autres aspects importants pour vous. Faites une liste de ces domaines et réfléchissez à ce que vous pouvez faire pour les enrichir et les rendre plus significatifs.

Une fois que vous avez identifié les domaines clés, fixez-vous des objectifs concrets et mesurables pour chacun d'entre eux. Par exemple, si vous souhaitez trouver du sens dans votre carrière, vous pourriez vous fixer l'objectif de développer de nouvelles compétences ou de travailler sur des projets qui ont un impact positif sur les autres. Si vous voulez enrichir vos relations, vous pourriez vous fixer l'objectif d'être plus présent et attentif dans vos interactions avec vos proches.

En parallèle, cherchez des opportunités de croissance et de développement personnel dans chaque domaine. Investissez du temps et de l'énergie dans l'apprentissage de nouvelles compétences, l'exploration de vos passions et l'élargissement de vos horizons. Restez ouvert aux nouvelles expériences et aux opportunités qui peuvent vous aider à grandir et à évoluer vers une vie plus riche en sens et en épanouissement.

N'oubliez pas l'importance de la gratitude et de la pratique de la pleine conscience. Prenez le temps de reconnaître et d'apprécier les moments de joie, de gratitude et de connexion dans votre vie quotidienne. Soyez présent dans l'instant présent et cultivez un état d'esprit positif et reconnaissant.

Enfin, sachez que la création d'une vie remplie de sens et d'épanouissement est un processus continu. Restez ouvert aux changements et aux ajustements nécessaires en cours de route. Soyez prêt à remettre en question vos choix et à explorer de nouvelles voies lorsque cela est nécessaire.

Cher lecteur, utilisez ce chapitre comme un guide professionnel pour vous aider à créer une vie qui a du sens et qui vous épanouit pleinement. Ne craignez pas de poursuivre vos aspirations les plus profondes et de prendre des mesures concrètes pour construire une vie qui vous ressemble. Vous méritez une vie remplie de sens, de bonheur et de satisfaction.

8.3 Maintenir son autonomie et son équilibre émotionnel dans les relations

Dans le domaine des relations, maintenir son autonomie et son équilibre émotionnel est essentiel pour préserver sa santé mentale et son bien-être. Dans ce chapitre, nous explorerons une approche professionnelle pour vous aider à cultiver des relations saines tout en préservant votre autonomie et votre équilibre émotionnel.

Tout d'abord, il est important de définir vos propres limites et de les communiquer clairement aux autres. Identifiez ce qui est acceptable et inacceptable pour vous dans une relation, que ce soit en termes de comportements, d'attentes ou de traitement.

Exprimez vos besoins et vos préférences de manière assertive, en mettant l'accent sur le respect mutuel.

Ensuite, développez une communication ouverte et honnête avec vos proches. Apprenez à exprimer vos sentiments, vos préoccupations et vos besoins de manière constructive. Écoutez également activement les autres et faites preuve d'empathie envers leurs perspectives. Une communication claire et respectueuse favorise la compréhension mutuelle et renforce les liens relationnels.

Pratiquez l'écoute de soi et l'observation de vous-même pour rester conscient de vos propres émotions et de vos besoins. Accordez-vous du temps pour vous recharger et vous ressourcer lorsque vous en ressentez le besoin. Cela peut inclure des activités telles que la méditation, le journaling, la pratique d'un hobby ou tout ce qui vous permet de vous reconnecter avec vous-même.

Soyez attentif aux signes de dépendance émotionnelle ou de déséquilibre dans vos relations. Si vous vous retrouvez constamment en train de sacrifier vos propres besoins et de vous subordonner aux autres, il est important de revoir vos limites et de prendre des mesures pour préserver votre autonomie. Cela peut impliquer de dire non lorsque cela est nécessaire, de fixer des limites claires ou même de prendre de la distance si une relation devient toxique ou déséquilibrée.

Enfin, n'oubliez pas de cultiver votre propre estime de soi et votre confiance en vous. Identifiez vos forces et vos qualités uniques, et apprenez à vous valoriser indépendamment de vos relations avec les autres. Prenez soin de vous physiquement, mentalement et émotionnellement, en vous engageant dans des activités qui vous nourrissent et vous permettent de vous épanouir.

Cher lecteur, en appliquant ces principes dans vos relations, vous pouvez maintenir votre autonomie et votre équilibre émotionnel, tout en cultivant des relations saines et épanouissantes. Souvenez-vous que vous êtes responsable de votre propre bonheur et de votre bien-être, et que vous avez le droit de vous épanouir dans vos relations tout en restant fidèle à vous-même.

Avant d'en conclure, je souhaite vous délivrer mes ultimes paroles :

Je tiens à vous adresser un message rempli d'amour, de motivation et de joie pour vous encourager dans votre cheminement vers la guérison. Vous êtes sur le point de vivre une transformation incroyable et de découvrir un bonheur authentique.

Tout d'abord, permettez-moi de vous dire à quel point vous êtes courageuses et courageux. Vous avez choisi de vous confronter à vos dépendances affectives et de prendre le contrôle de votre vie. C'est un pas énorme et vous devriez être fiers de vous.

Je vous assure que la liberté que vous recherchez est à votre portée. Vous êtes sur le point de découvrir un monde où vous êtes libres de vous aimer vous-même, de vous épanouir dans des relations équilibrées et de vivre une vie remplie de joie et d'accomplissement.

Vous êtes bien plus fort(e) que vous ne l'imaginez. Rappelez-vous que chaque jour est une occasion de grandir, d'apprendre et de vous rapprocher de vos objectifs. Ne laissez pas les défis vous décourager, car chaque défi est une opportunité de vous renforcer et de vous élever.

Visualisez-vous en train de vivre votre vie idéale, remplie de relations saines, de bonheur et de confiance en vous. Laissez cette vision vous guider tout au long de votre parcours. Vous méritez tout cela, et vous êtes capable de l'atteindre.

N'ayez pas peur de vous entourer de personnes positives et bienveillantes qui vous soutiendront dans votre démarche. Partagez vos succès et vos défis avec eux, car ensemble, nous sommes plus forts. Vous n'êtes pas seul(e) dans cette aventure, et il y a des personnes prêtes à vous accompagner et à vous encourager.

Souvenez-vous que le chemin vers la guérison peut être parsemé de hauts et de bas, mais ne laissez jamais les bas vous décourager. Chaque moment difficile est une occasion d'apprendre, de grandir et de vous rapprocher de votre véritable moi.

Enfin, je tiens à vous dire de ne jamais abandonner. Même lorsque vous rencontrez des obstacles, restez concentré(e) sur votre objectif de liberté et de bonheur. Continuez à vous aimer, à vous respecter et à croire en votre capacité à transformer votre vie.

Je suis fier(e) de vous et de tout le travail que vous avez accompli jusqu'à présent. Vous êtes sur la voie de la guérison et de la réalisation de votre plein potentiel. Continuez à avancer avec confiance, car le meilleur reste à venir.

Avec un amour inconditionnel et une confiance absolue en votre succès,

Votre thérapeute et votre plus grand(e) supporteur(e)

Conclusion

En refermant les pages de ce livre, j'espère sincèrement que vous avez trouvé des réponses, des encouragements et des outils précieux pour libérer votre cœur et briser les chaînes de la dépendance affective. Au fil de ces chapitres, nous avons exploré en profondeur les mécanismes de la dépendance affective, les schémas nocifs qui nous entravent, ainsi que les moyens de cultiver une relation saine avec soi-même et avec les autres.

La dépendance affective peut être un voyage complexe et parfois difficile, mais vous avez pris le courage de vous confronter à ces défis et de vous engager sur le chemin de la guérison. Vous avez appris à reconnaître les signes révélateurs de la dépendance affective, à identifier les schémas limitants et à vous affranchir des relations toxiques qui vous retiennent.

Vous avez également découvert des outils puissants tels que la pleine conscience, l'auto-compassion, la reprogrammation des croyances limitantes et le renforcement de l'estime de soi. Ces pratiques vous ont permis de vous connecter à votre force intérieure, à votre résilience et à votre capacité à créer une vie épanouissante.

Rappelez-vous que la guérison et la libération de la dépendance affective sont un processus continu. Prenez le temps d'entretenir votre croissance personnelle, d'affiner vos relations et de vous engager dans des choix qui vous nourrissent profondément. Soyez patient avec vous-même et accordez-vous de la compassion lorsque vous rencontrez des obstacles sur votre chemin.

Sachez que vous méritez une vie épanouissante et des relations saines et équilibrées. Vous avez le pouvoir de briser les chaînes de la dépendance affective et de vous épanouir pleinement. Prenez ces enseignements avec vous et utilisez-les comme un guide précieux dans votre parcours de transformation.

Je suis honoré d'avoir été votre guide dans cette exploration de la libération du cœur. Je vous encourage à continuer à cultiver l'amour de soi, à nourrir vos relations avec bienveillance et à vous ouvrir à un avenir rempli de possibilités. Vous avez le pouvoir de choisir votre propre chemin et de construire une vie épanouissante, libérée des chaînes de la dépendance affective.

Avec tout mon soutien dans votre voyage de guérison et de transformation.

Ressources complémentaires

Bibliographie

Voici quelques biographies en français qui abordent le thème de la dépendance affective et du développement personnel et qui pourront très certainement vous aider :

"Libérez-vous de la dépendance affective" de Brigitte Lahaie : Dans cette autobiographie, Brigitte Lahaie partage son propre cheminement pour se libérer de la dépendance affective et propose des conseils pratiques pour y parvenir.

"Le pouvoir du moment présent" d'Eckhart Tolle : Bien qu'il ne s'agisse pas d'une biographie, cet ouvrage explore la notion de dépendance affective et propose des enseignements précieux sur la conscience de l'instant présent et la recherche de l'équilibre émotionnel.

"Une vie sans peur et sans regret" de Sylvie Bérubé : Dans cette biographie inspirante, Sylvie Bérubé partage son parcours de guérison de la dépendance affective et de reconstruction personnelle, offrant des conseils concrets pour se libérer des schémas toxiques.

"La force des discrets" de Susan Cain : Ce livre explore la vie de personnes introverties et offre des perspectives sur la façon dont elles peuvent développer leur estime de soi et s'affirmer dans leurs relations, en dépassant les croyances limitantes.

"Le courage d'être soi" de Jacques Salomé : Dans cet ouvrage, Jacques Salomé partage son expérience de thérapeute et offre des réflexions profondes sur la manière de cultiver l'estime de soi et de créer des relations épanouissantes.

Sites web et articles recommandés

Psychologies.com : Ce site propose de nombreux articles et ressources sur la dépendance affective, la confiance en soi, l'estime de soi et les relations personnelles. Vous y trouverez des conseils pratiques, des témoignages et des outils pour vous aider dans votre cheminement.

Passeport Santé : Cette plateforme en ligne offre des articles et des conseils sur la santé mentale, l'épanouissement personnel et la gestion des émotions. Vous y trouverez des ressources pertinentes sur la dépendance affective et des stratégies pour la surmonter.

Psychologie Positive Magazine : Ce magazine en ligne se concentre sur les aspects positifs de la psychologie et propose des articles inspirants sur le développement personnel, la résilience et les relations saines. Vous y trouverez des informations utiles pour vous libérer de la dépendance affective.

HuffPost Québec - Bien-être : La section bien-être de HuffPost Québec propose des articles variés sur la santé mentale, le développement personnel et les relations interpersonnelles. Vous y trouverez des réflexions, des conseils pratiques et des témoignages sur la dépendance affective.

Les Éclaireuses : Ce site dédié aux femmes aborde divers sujets liés à la vie quotidienne, à la psychologie et à l'épanouissement personnel. Vous y trouverez des articles sur la dépendance affective, la confiance en soi et la construction de relations saines.

Copyright © **2023 - MAISONRH**

Tous les droits sont réservés. Aucune partie de cette publication ne peut être reproduite, distribuée ou transmise sous quelque forme ou par quelque moyen que ce soit, y compris la photocopie, l'enregistrement ou d'autres méthodes électroniques ou mécaniques, sans l'autorisation écrite préalable de l'éditeur, sauf dans le cas de brèves citations incorporées dans les critiques et certaines autres utilisations non commerciales autorisées par la loi sur le droit d'auteur. Toute référence à des événements historiques, à des personnes réelles ou à des lieux réels peut être réelle ou utilisée fictivement pour respecter l'anonymat. Les noms, les personnages et les lieux peuvent être le produit de l'imagination de l'auteur.

Imprimé par Amazon.

MAISONRH

Printed in France by Amazon
Brétigny-sur-Orge, FR

14576866R10060